AF286560

~ Till Dävel ~

Des Menschen Glück

1. Akt

(Abend: Mihau steht am Fenster im Wohnzimmer)

Erste Gene: Nacht

Mihau: Der Tag geht wieder sterben,
wie könnt' es anders werden,
beugt er sich wassergleich
dem Flussbett das von Stein geeicht.
Nie würd' er es wagen
die Bahnen zu verlassen,
dem Willen Helios zu trotzen
und seinem Banne zu entsagen.
So geht er müd' und immer gleich
von früh der kalten Nacht entgegen,
tröpfelt sachte vor sich hin,
wagt es nicht sich mehr zu regen.
Sollte dieses Vorhergeh'n
auch meinem Leib zu schaffen machen?
Kann es denn nicht anders sein?
Kann es denn nicht besser machen?
Kann ich's denn nicht besser machen?
War, als ich das Licht erblickte,
denn schon bald dies End' in Sichte?
War von Anfang an denn klar,
dass dies wirklich alles war?
Fern von Eden, fern von mir
geh' ich meinem Tod entgegen,
weil' noch ein paar Jahre hier
und will geben dann mein Leben.

Erste Seite des Handschriftlichen
Manuskripts.

<u>Danksagung</u>

Ganz besonderer Dank gilt an dieser Stelle Anna Schumacher, für ihre Unterstützung in jedweder Hinsicht. Viele Inspirationen, sowie das tägliche Drängen zum Weitermachen gehen auf sie zurück. Ich danke dir von Herzen!!!

Weiterer Dank gebührt Mihan, meinem Bruder, für das zur Verfügung stellen seines Namens und meiner Mutter, als Quelle neuer Schaffenskräfte. Vielen Dank!

Herstellung und Verlag:
Books on Demand GmbH, Norderstedt
ISBN 978-3-8370-8874-8

Vorwort

„Bist du glücklich?", wie oft habe ich diesen Satz schon zu hören bekommen und stets sagt man, man sei es oder es sei schon alles recht. Doch ist es das? Und wenn ja, ist es das auch noch in einem Jahr? Die folgende Geschichte handelt von Mihan, der sich ganz genau die gleiche Frage gestellt hat und zu dem Schluss kam, dass nicht alles gut sei, so wie es ist. Er macht sich auf die Suche sein Glück zu finden, doch ob er erfolgreich ist bleibt an dieser Stelle noch geheim. Seine Suche ist aber nicht ur die Suche nach dem Glück, sondern es ist die Suche nach dem Sinn des Lebens, nach der Ruhe in sich selbst und dem Glauben.

Da mir oft schon gesagt wurde, ich habe den Faust nachgeschrieben, möchte ich an dieser Stelle sagen, dass diese Behauptung so nicht ganz richtig ist. Sicherlich gibt es einige Parallelen in beiden Stücken, doch sie behandeln bei weitem nicht das gleiche Thema. Faust hat sich sein leben lang in allem ihm Möglichen probiert und nicht seinen Frieden gefunden. Später erkennt er den Sinn des Lebens. Mihan dagegen fand ihn bereits weitaus früher, hat ihn jedoch nicht als solchen erkannt. Er zieht aus um das zu suchen, was ihm eigentlich schon vor den Füßen liegt. Während es also im Faust um die Entdeckung des inneren Friedens geht, stellt dieses Stück eine Art Wiederent-deckung dar. Es ist also bestenfalls eine Fortsetzung von Goethes Werk, aber auf keinen Fall eine Nacherzählung. Ich bitte den Leser darum dies immer im Hinterkopf zu behalten und nicht ständig einen Vergleich anzustreben, der mit einem so alten und großen Meister wie Goethe leider nicht möglich ist.

Jede Geschichte stellt eine Reise dar. Nicht immer von einer Stelle zu einer anderen, sondern oft auch eine innere Reise. Auch diese Geschichte gehört dazu. Die Reise beginnt jedoch nicht beim Lesen dieses Buches, sondern schon viel früher, nämlich beim Schreiben. Es ist also sowohl eine Geschichte die vielen Menschen Freude bringen und lehrreich sein mag, als auch eine Art Tagebuch dass ich verfasst habe auf meiner eigenen, inneren Reise.

Wie jede schöne Geschichte brauchte ich auch bei dieser nur den Stift in die Hand zu nehmen und die Anzahl der Seiten wuchs wie von selbst.

Ich hoffe, dass sie als Leser viel Freude an diesem Buch haben werden und es ihnen vielleicht ein kleines Stückchen auf ihrem eigenen Weg weiterhilft.

Till Dävel, Januar 2009

Szenenverzeichnis

Charaktere

Menschen:
Mihan
Lene *(Mihans Frau)*
Hartwin *(Mihans Nachbar)*
Wachmann
Wirt
Kassandra
drei Schläger
Händler
Lichtwesen:
Willensgeist
Geist des Waldes
Golanon *(Geist)*
Geist der Künste
Lucifer *(Engel)*
Corbinus *(Engel)*
Gabriel *(Engel)*
Gott
Kobolde:
Kundulene *(Frau des Kundelruhr)*

Schiedsrichter
Findri
Ramur
Solur
Oberster Magier
Pöbel
<u>Zwerge:</u>
Dicker Zwerg
Bärtiger Zwerg
Hellanon
Nela

Weitere Charaktere im Hintergrund.

ERSTER AKT

ERSTE SZENE: NACHT. WOHNZIMMER.

*Abend. Mihan steht am Fenster und blickt hinaus.
Mihan, später Lene.*

MIHAN: Der Tag geht wieder sterben.
  Wie könnt es anders werden,
  beugt er sich wassergleich
  dem Flussbett, das von Stein geeicht.
  Niemals würd er es wagen
  die Bahnen zu verlassen,
  dem Willen Helios[1] zu trotzen
  und seinem Banne zu entsagen.
  So geht er müd und immer gleich
  von früh der kalten Nacht entgegen,
  tröpfelt sachte vor sich hin,
  wagt es nicht sich mehr zu regen.
 Sollte dieses Vorhergehn
  auch meinem Leib zu schaffen machen?
  Kann es denn nicht anders sein?
  Kann ich's denn nicht besser machen?
  War als ich das Licht erblickte
  denn schon bald dies' End' in Sichte?
  War von Anfang an denn klar,
  dass dies wirklich alles war?
  Fern von Eden[2], fern von mir
  geh ich meinem Tod entgegen,
  weil noch ein paar Jahre hier
  und will geben dann mein Leben.

Doch kann das nicht alles sein,
so sehr ist die Welt nicht klein!
Gibt es denn für einen Mann
wie mich nichts was er schaffen kann?
Ist jenes Werk der Welt so schwer,
dass hier kein Entrinnen wär?

Großer Geist vergangner Taten,
komm und sie mein Bitten an!
Tritt noch einmal an mich ran,
füll mein Sein mit deinen Saaten!
Gib mir wieder dieses Leben,
dieses heiß ersehnte Beben,
tief in dieses alte Herz!
Komm und lindre meinen Schmerz!
Erinnre mich vergangner Tage,
mach, dass ich es wieder wage,
raus ins Licht der Welt zu gehen!
Komm und stille dieses Flehn!
        (Blickt zu Boden.)

Wie wird mir jetzt, ich stehe
am Fenster hier und Flehe?
Hab ich doch noch nie geglaubt
an des Geistes Sein und Taten[3].
Wozu also all dies Warten?
Weder sehen werd ich fühlen
eine Kraft des Ungewissen.
Besser ist's ich geh zu Bett.
(Geht ins Schlafzimmer und setzt sich aufs Bett.)
Und doch ist es in mir,
die Sehnsucht und die Liebe,
an das Damals, ans Vergangne,
da sind alle meine Triebe.

Es juckt mich in den Fingern,
der Drang zu etwas Neuem,
es lässt mich nicht in Ruhe,
das Ferne stets zu heuern.
Was würd ich alles geben
nur um erneut zu leben.
Sind es doch die alten Zeiten,
diese längst vergess'nen Weiten,
welche locken, welche ziehen,
kann nicht weichen, kann nicht fliehen.
Es scheint mein Wissen schwindet mehr,
es scheint, als ob dort nichts mehr wär,
doch kann und will ich's gar nicht glauben,
auch nicht sehen mit den Augen.

Weib, wo bleibst du?
LENE: Ich bin hier!
Tat noch schnell das Nachtgebet,
lösch noch schnell die Kerzen
und komme dann zu Bett.
(Löscht die Kerze)
So, nun gebe Gott uns Frieden
und der guten Träume viel,
dass wir guten Schlummer kriegen,
dass ich frisch erwachen will.
Was ist mit dir mein Mann?
Was sollen all die Falten?
Etwas dass ich tun kann?
Soll ich dich mal halten?
MIHAN: Ach Lena, könnt ich nur wie einst
durch große, düstre Wälder ziehn.
Könnt ich doch noch wandern
und all die schönen Wunder sehn.
Die Welt nahm mir ihr Grauen[4]

und damit auch den Reiz.
Meine Knochen brechen schon
wenn ich an all die stein'gen Wege
und an all die Stöcke denke
und den Dreck der dorten läge.
LENE: Mein Mann wie kann ich helfen?
Wie kann ich dich ermuntern?
In Gott und mir, da fand ich's,
die Stille, Frieden und Wunder.
Doch willst du stets nichts hören
von all dem was ich sag.
Nicht alles kann man sehen,
was Frieden geben mag.
MIHAN: Und doch sind es die Augen
von mir die stetig suchen.
Wie kann ich drauf vertrauen,
wie kann ich darauf bauen,
wenn doch jede Richtung fehlt?
LENE: So glaub ich doch, dass bald
auch du zur Ruhe kommst,
dass Gott dir Frieden schenkt
und du gut leben kannst.
Jetzt schlafe schnell und gut
und morgen wirst du sehn;
der Kummer und dein Flehn
wird schwinden wie im Flug.
MIHAN: Auch dir die gute Nacht!
Mein Liebes schlafe wohl,
dass Schlummer und dass Schlaf
dir Ruhe bringen soll.
(Dunkel.)

ZWEITE SZENE:
NÄCHTLICH GEMACH.

Mihan und Lene liegen im Bett und schlafen.
Später Willensgeist.

WILLENSGEIST: *(maulig)* Geh hinunter, sagt der
Herr
    geh und bringe Kunde.
    Sag ihm meine Botschaft,
    mach drei und sieben runde.
    Ich bin der Geist des Willens,
    der alles ändern will
    und steht die Welt auch still.
    Ich will, dass sie sich dreht!
    Auch will ich, dass sie steht!
    Ich will ein Kind noch sein
    und doch ein großer Mann!
    Hier ist es viel zu still!
    Ich will! Ich will! Ich will!
(Mihan erwacht)
MIHAN: Oh wehe meinen Augen!
    Was zwingt der Schlaf mir auf?
    Was muss ich dort erschauen?
    Ein Dieb in meinem Haus?
    Dir werd ich Beine machen!
    Du Unhold sondergleichen!
    Ich hol nur schnell mein Schwert
    und andre Mördersachen!
    Dann werden wir ja sehn,
    wem dieses Haus gehört!
    Die Beine, die zuletzt noch stehn
    solln den nächsten Tag noch sehn!

(Er steht auf, greift nach seinem Schwert und wendet sich zu dem Geist.)

GEIST: Oweh! Oweh! So haltet ein!
  Ich will euch längst nicht böse sein!
  Bin nur ein Bote eines Herrn,
  der meint du solltest auf ihn hörn!

MIHAN: Was sollen deine Worte?
  Ich find du bist ein Dieb!
  Den Hochmut und den Torheit
  in meine Wände trieb!
  Doch sprich zuerst!

GEIST: Still mein Freund, ich will,
  ich bin, verzeihe mir,
  der Geist der niemals soll,
  der Geist, der nie zufrieden,
  der Geist, der immer will!

MIHAN: Was könnt ich dir denn geben?
  Ich glaube nicht an dich!
  Will meine Ruhe haben
  und nun erholen mich.

GEIST: Was hört mein Geisterohr?
  Was sagt mein Mund dazu?
  Willst du denn nicht hören,
  weshalb und auch weswegen,
  die Pflicht mich hier verlangt?

MIHAN: Ruhe hatte ich gefordert
  und doch schlafe ich jetzt nicht!
  In mir Ungeduld schon lodert
  also Geisterfreundchen, sprich!

(Er hebt drohend sein Schwert.)

GEIST: So dreist ward man mir nie!
  Doch will ich dir noch sagen,
  warum doch vorerst wie,
  deine Bitten Früchte tragen.

MIHAN: Sprich rasch, ich brauche Schlaf!

GEIST: Sehr gern entschwind ich brav,
   doch höre erst mein Wort.
   Sieh wie deine Bitte traf,
   an des Himmels höchsten Ort[5].

MIHAN: Der Gott der Christen zeigt sich mir?
   So hätt ich denn auch andre Wünsche.

(Er lässt sein Schwert wieder sinken.)

GEIST: Hör mein mahnend Geisterwort!
   Tust du's nicht so geh ich fort!

MIHAN: So spreche er!

GEIST: So gut ich kann!
   Dir ist von Gott befohlen
   dein Leben zu verlassen.
   Du batst ihn um Erfüllung,
   um ein Zeichen das
   dir deine Wege weißt.
   Um deines Willens Stillung
   geh zu dem großen Baume
   und harre dorten aus.
   Die Linde mit dem Stamm,
   der auseinander klamm[6].
   Dies ist es was du tun musst
   um zu finden was du suchst.

MIHAN: Genug ist nun der Worte
   und elend dieser Traum
   von lachhaftiger Sorte.
   Dem Geist und auch dem Baum,
   Gestalten meiner Träume,
   trau ich gewöhnlich kaum.
   So geh nun endlich fort
   und meide meinen Ort!

GEIST: Oh du Frevler, gar so lau
   lässt mein Wesen dich nicht gehen.

Erst noch in den Arm ich hau,
eine Narbe, du wirst sehn!
Diese bleibt dir fortan kleben,
dein Gedächtnis soll's beleben,
dass du morgen noch an mich
und mein Sagen denken wirst!
(Schlägt ihm eine Narbe in den Arm)
MIHAN: Wehe, doch ich dachte stets,
ein Traum kann mir nichts Böses tun,
der Schmerz reißt meinen Arm herum!
Wie ein hässlich Blitz voll Schmerzen
zeigt sich mir auf meiner Haut,
eine Kruste rot und blutig,
eine Narbe schaurig schön!
GEIST: Schlaf nun Heide!
Sei gewiss,
dieser Biss
meiner Macht
gibt dir die Gelegenheit
zu besinnen diese Nacht!
Jetzt leg nieder,
deinen Kopf und deine Glieder,
schlaf bis morgen,
schlafe ruhig!
Schlaf jetzt endlich!
Ohne Sorgen...
Schlafe friedlich,
träume süß.
(Ab.)
(Mihan schläft ein.)

DRITTE SZENE:
KÜCHE.

Eine volkstümliche Küche. Lene bereitet das Frühstück. Mihan kommt dazu.

LENA: Mein Mann wie frisch
kommst du zu Tisch?
Hat die Nacht dir gut getan?
MIHAN: Lenchen welch ein schriller Traum
kam und stahl mir meine Ruh,
deck den Tisch mit essen zu.
LENE: Solchem Frohsinn dien ich gern,
doch welch Anblick macht mich stutzend?
Weiß man wie es sein kann?
Die Narbe dort an deinem Arm?
MIHAN: Himmel! Oh mir ahndet!
Der Schauer letzte Nacht,
ob er doch echt mir dies gemacht?
LENE: Was redest du? Ist dir's nicht gut?
MIHAN: Als ob es was zur Sache tut.
Oh Lene ich befürchte,
die Bitten und die Flüche
verhallten nicht im fernen Raum.
Ich glaub sie drangen an das Ohr[7],
dessen Glauben ich verlor.
Letztens kam ein Bote,
ein Diener deines Gottes.
Er bracht mir wirre Worte
des Nachtes als du schliefst.
Er wollte ich soll gehen,
zur krummen alten Linde.
Er meint, dass ich mein Flehen

17

und Schicksal dorten finde.
LENE: Ein Lächeln macht sich breit
in meinem Antlitz, sieh!
So findest nun auch du,
warum und auch wozu,
du hier dein Dasein hast.
Was hält dich noch bei mir?
MIHAN: Die Liebe und auch Skrupel
wie Sehnsucht hält mich hier.
LENE: So hör auf deine Frau,
sei hörig und auch schlau.
Du weinst um deine Kräfte,
ums Schwinden deiner Säfte,
warum willst du dann warten?
Geh und finde deinen Weg,
wohin er dich auch bringen mag.
MIHAN: Doch weiß ich nicht so recht,
wofür ich's halten soll.
Ist's wirres Geflecht?
Ist's Schwachsinn und gar toll?
Oder war der Daumen Gottes
über mir und meinem Geist.
Hat er dort gewaltet?
Weißt du was es heißt?
LENE: Natürlich ist's mir klar.
So wie es immer war.
Die Festen die uns reihen
und unser Schicksal auch.
Wir können uns nicht befreien
aus diesem Wust und Rauch.
Doch ist was uns so wüst erscheint,
nur zu groß für den Verstand.
Und um es zu begreifen
hilft weder Wort noch Hand.

Es ist der Lauf der Dinge,
der stets sich ändern wird.
Und das, was er uns bringe,
ist nie das, was er verbirgt.
Doch weiß ich dass dein sturer Kopf,
dein lieber, alter, sturer Schopf
von diesem Wort nichts wissen mag.

MIHAN: Sodann?

LENE: Nehme er es einfach an.
Probier dich an des Baumes
und sollt es dir nicht taugen,
so kehrst du wieder heim zu mir
und meinen alten Augen.
Die Augen die dich lieben
und stetig an dir sind.
Mit Respekt und Freude,
mit Frohsinn wie ein Kind.

MIHAN: Du warst mir stets ein liebes Weib,
wie könnte ich dich je verlassen?
Wie wäre jede Ewigkeit,
ohne dich tät sie verblassen.
Ich kann nicht gehen weg von dir,
da du mir doch alles, alles bist!

LENE: Die Ewigkeit löst manche Qual
und ist sie auch an hoher Zahl.
So denke ich, dass sie dir taugt
und dich stets rechtens leiten wird.

Mein Schatz, nie schlich sich Reue
in mein Herz hinein.
Seit ich mit Stolz heiße
und lebe als dein Weib.
Doch will ich auch für dich
des Glückes Früchte pflücken,

will dir das Kissen rücken,
dass dein Wohl vollkommen macht.
Nimm mit dir was du brauchst,
zieh fröhlich hin zur Linde,
dass nicht nur Weg das Ziel,
doch auch Seligkeit dich finde.
Hier, Brote, Stock und Stiefel,
Messer Schwert und Mantel.
Seit langem träum ich
dass du findest
deines Glückes Grund.
Also steckte ich bei Vollmond
stets paar Münzen in den Bund.
Nimm ihn mit dir,
nimm es alles,
denn zu deinem Wohl solls sein.
Dazu steck ich dir von Herzen
meine Liebe mit hinein.

MIHAN: Lenchen, wies mir graut vorm Gehen,
werd ich dich denn wieder sehen?

LENE: In mir ruhend,
um mich wachend,
an dich denkend,
schlafe ich.
Gleichsam koch ich,
back ich, putz ich
und ich warte hier auf dich.
Vor Freud schon glühend
heb ich mein Haupt,
schau gen Himmel hoch hinauf.
Freude schon für jenen Tag
wenn ich dich wieder sehen mag.

MIHAN: Wohlan denn Lene, lebe wohl,
schäl die Rüben, koch den Kohl!

Wart den fünften Vollmond ab
und dann schau vom Hang herab.
In der Sonne hellen Lichtes
werd ich stehen, nur für dich!
Bis bald Lene! Denk an mich!
(Ab.)

VIERTE SZENE:
WEGESRAND.

*Auf dem Weg in Richtung Wald. Mihans Nachbar
kommt ihm entgegen.*

MIHAN: Ich denk ich sollt was singen,
  es wird mir Freude bringen.

(Er singt die Arie vom stillen Hans:)

Der Hans ist ein ganz stiller
und sonderbarer Mensch
Man hört niemals ein Wort
aus seinem schönen Hals.

Es gibt viele Gerüchte,
er wär ein Virtuos
und macht die Frauen weinend,
mit seiner Stimme bloß.

Doch singt er stets nur nachts,
erzählt man sich im Ort
und nur wenn er alleine

weit von zu Hause fort.

Beweisen konnts noch keiner,
denn Zeugen gab es nicht.
Auch gab es stets kein Echo,
was dieses uns verspricht.

Man sagt er wäre stumm,
drum redet er niemals.
Man sagt auch, er sei dumm,
er hätte keinen Hals.

Es gibt auch Leut', die sagen,
er sei ein lebend' Gott,
ein viel gestrafter Orpheus,
doch sorgte dies für Spott.

Man sagt er habe Zähne
aus purem Gold im Mund
und spräche er, so schnitten
sie ihm die Wangen wund.

Drum singt er nur alleine,
wenn alles um ihn still,
dann kann er's besser hören,
was keiner aber glauben will.

Man spricht den Hans nicht an,
aus Angst er würde reden
und mit der Zauberkraft,
die ihm von Gott gegeben,
zu Stein die Menschen machen,
welch wundersame Sachen…

Die einz'ge Wahrheit ist:
Man fragte ihn nur nicht
warum er immer schweigt,
warum er niemals spricht.

Er hätt' es sehr gewollt,
dass man ihn akzeptiert.
Er war doch nur ein Junge,
nicht böse, nicht verwirrt.

Das Böse warn die Menschen,
die böse ihn gemacht,
drum hat er aus Verzweiflung
sie alle umgebracht.

Mächtig sind die Worte,
grad wenn wir sie nicht sprechen.
Sie können Wunden heilen
und manche Bande brechen.

Drum redet miteinander,
lasst euch nicht ewig stehn,
sonst wird es manchen Menschen
so wie dem Hans ergehn.

(Er stockt.)
   Oh weh, da kommt der Penner
   der lang schon neben mir
   und meinem schönen Hause
   lebt, Tür an Tür.
HARTWIN: Morgen Nachbar!
MIHAN: Tag der Herr!
HARTWIN: Draußen so ganz ohne Weibe?
   Hat die Alte dich genervt?

23

Oder willst die müden Knochen
wieder mal ins Freie locken?
MIHAN: Keins von beidem, sag ich dir
und auch ist es nicht dein Bier!
HARTWIN: Dummer alter Zausel!
Mitleid sollt ich haben!
Mit dir und deiner Alten
und euren milden Gaben.
Seid weder Reich noch habt ihr Geld!
MIHAN: Doch haben wir Anderes was zählt!
So nun lass mich weiter ziehn.
Eilig hab ich's ohnehin.
(Ab.)

FÜNFTE SZENE:
DÜSTRER WALD.

*Ein finsterer Wald. Mihan geht auf einem
schmalen Pfad, der rechts und links mit bedrohlich
aussehenden Bäumen eingefasst ist. Später
Waldgeist.*

MIHAN: Hier steh ich nun am Waldesrand.
Hoff ich hab ihn recht erkannt.
Wär ich doch nur, ach hätt ich doch,
ach wie tief ist dieses Loch.
Angebracht wär nun was Fröhlichs,
etwas das mein Herz erfreut,
was ihn kürzt, den Weg so weit.
Ei da fällt mir grade ein,
welch lustig's Zeug aus alten Zeiten

mir mein Opa, schlafe er fein,
stets pflegte zu unterbreiten:
„Solltest du mein Junge
durch Schmerz und Hölle gehen,
so lockre deine Zunge
fürs Liedchen vor dich hin!"
Genau so will ich's tun!
Ein Lied!
(Singt:)

Bin ein junger
Wahandersmann,
will sehen was
man sehen kann!

Will riechen
Luft von weiter Welt,
will lernen was
im Leben zählt!

Durch dichte Wälder,
auf Bergeshöhn
ans große Meer,
da möchte ich gehen!

Geheimnis, Wunder
jeder Art,
ob groß, ob klein,
ob bös', ob hart!

Folge stets dem
Weg nach Westen,
nehm' nicht oft
den Allerbesten!

Geh auch gern mal
außenherum,
will doch was sehen,
bin doch nicht dumm!

Meine Füße tragen
den Ranzen immer fort,
müssen nimmer fragen:
„Das Ziel ist welcher Ort?"

Heißa, heißa,
welch Genuss,
ist doch stets
die Wahanderslust!

Was nun? Was tut sich auf?
Ne Lichtung hier und jetzt?
Keine der Erinnerungen
kannte diesen Platz.
Rast wär nun ein gutes Wort,
passend dafür auch der Ort.
Wie dankbar bin ich Lene,
dass sie mir Brote macht.
Wie schmeck ich ihre Liebe
mit der sie sie gemacht.
Die Füße klagen längst
warum ich sie so trieze,
warum ich mich nicht wende
und gen Heimat lauf.
Sollt' ich denn?
Zurück zu meiner Lene,
zurück zu Weib und Haus?
Möchte ich dies wie jeder?

Ist hier das Abenteuer aus?
Nein ich kann's nicht tun!
Kann weder wenden, weder ruhn.
Muss weiter, weiter in den Wald,
wird schon dunkel, wird schon kalt.
Doch besser wär es ich tät rasten,
hab kein Esel und kein Pferd,
selber tragen muss ich's Schwert.
Dort der Stein und dieser Ast,
machen mir zum Schlafen Platz.
Der Sternenhimmel deckt mich zu,
Hypno[8] schenkt mir seelig' Ruh.

(Mihan sitzt auf dem Felsen, ein Wolf schleicht sich heran.)
Oh Schreck! Ein wildes Tier
in diesen Wäldern hier?
Mir wird mein Busen bang,
bald lebe ich nicht mehr lang!
(Zieht sein Schwert und versucht den Wolf in Schach zu halten, dieser umkreist Mihan.)
Fort mit dir, du Biest!
Ich warn dich deines Lebens!
Du suchst nach deinem Fressen
an meinem Leib vergebens!
(Er fuchtelt mit dem Schwert herum.)
Du willst also nicht hörig sein?
Dann fürchte meine Klinge!
Dass sie dir Schmerzen, große Pein
und schnellen Tod dann bringe!
(Der Wolf verwandelt sich in den Waldgeist.)
Welch Zauberwerk ist dieses?
Was gibt der Wolf mir preis?
WALDGEIST: So hör doch auf zu brüllen,

du armer alter Greis!
Und stecke deine Klinge ein,
ich will dir auch nicht böse sein.

MIHAN: Wer bist du?

WALDGEIST: Ich
bin der Geist des Waldes.
Ich lebe überall.
Bin Tier und bin auch Pflanze,
am Berg und sowie im Tal.
Ich bin so hart wie Stein,
so biegsam auch wie Holz,
so sanft wie Blatt und Stängel,
wie Artemis[9] so stolz!
Ich herrsche hier am Boden
und tief im Erdenreich.
Bin auch am Himmel oben
mit Vogelschwingen leicht.
Ich liebe stets die Stille,
sowie den Adlerschrei.
Bin froh, bin stolz, bin heiter,
bin unbändig[10] und frei!

MIHAN: Wie ungewöhnlich scheinst du mir!

GEIST: Bin auch ein Geist, so sag ich dir.
Was bringt dich zu der Linde,
bei der ich dich hier finde?
Was nutzt du Blatt und Steine?
Denn beides sind doch meine!
Was kann ich für dich tun?

MIHAN: Ich konnt' nicht länger ruhn.
Des Alltags Frevel nagt an mir,
der Geist des Willens sandt' mich hier.

GEIST: Der Willensgeist, oh weh!
Ein engstirn'ges Geschöpf.
Wohin ich immer seh,

da hebt er seinen Kopf.
Auch ist er stetig Bote
des allmächtigen Vaters,
doch kommts ihm nicht zu Gute
wie Wasser eines Katers.
So trotzig wie ein Kind,
so dumm wie Bohnenstroh,
so flüchtig wie der Wind,
niemals heiter, niemals froh.
Immer muss er hin und her
zwischen Himmel und der Erde,
da kein Reich ihn haben will.
Doch sage mir, was willst du hier?
MIHAN: Ich suche meinen Frieden,
bis jetzt kann ich nicht siegen,
muss hadern mit der Stille,
die stets mich mehr umgibt.
Kannst du nicht dein Übrigs tun
und mir das Glück doch schenken?
Sieh, ich kann nicht ruhn!
GEIST: Willst du gar ein Kobold sein?
Krüppelig und winzig klein?
In dem Schoß der Erde wohnen
und in tiefen Wurzeln trohnen?
Oder willst du unbesiegt
dieser Linde Freund nun sein?
Wachsen aus nem Samen,
ganz unscheinbar und klein?
Du wählst welche Gestalt?
MIHAN: Gewählt? Das hab ich bald!
Ich will sein wie ein Kobold,
das Erdenreich bewohnen!
So geht's mir sicher besser,
das wird bestimmt sich lohnen!

GEIST: Dann leg von dir die Sachen,
   die dich zum Menschen machen.
   Den Mantel, Schwert und Rock,
   der deine Glieder kleidet.
   Die Erde wird dich wärmen,
   hast du alles bereitet?
MIHAN: Wohlan!
GEIST: Will tun was ich kann!
   Mächte, mir zu Gunsten!
   Vögel, Bäume, Unken!
   Schenkt mir eure Kraft,
   die mein Werk vollkommen macht!
   Nicht mehr riesig, menschengleich,
   klein und stämmig, schmutzig fein,
   ein kleiner Kobold sollst du sein!
(Mihan verwandelt sich in einen Kobold.)
MIHAN: Furchtbar schmerzt mein Kopf,
   als wollt er runterspringen!
   Blind bin ich ein wenig,
   muss mit dem Lichte ringen!
GEIST: Dieses wird sich geben,
   du wirst als Kobold leben.
   Nun weißt du wie ich findbar bin,
   muss los, muss gehen, ich bin dahin!
(Waldgeist verschwindet)
MIHAN: So will ich denn dann gehen
   und suchen jene Pfade,
   die unter dieser Erde,
   die ich nicht mehr überrage.

ZWEITER AKT

ERSTE SZENE:
KOBOLDREICH.

Mihan tritt herab ins Reich der Kobolde

MIHAN: Wie düster ist's hier drunten.
  Wie moderig und feucht.
  Wie kann es so was geben?
  Versteckt und doch so leicht.
(Er erblickt andere Kobolde.)
  Dort sitzen welche, trinken
  gar sonderbares Zeug.
  Dort sind welche, die hinken.
  Wie komisch ihr Geäug[1].
  In Höhlen hausen sie
  mit Pilzen überall.
  Mit Betten ganz aus Erde
  Ich denk, ich klopfe mal.
(klopft an die Tür, eine Koboldfrau erscheint)
  Seid gegrüßt, oh edle Dame!
KOBOLDFRAU: Willst was stehlen?
Zammenhaun?
  Mit Solchen kann ich nichts Freundlichs baun.
MIHAN: Will weder stehlen, weder schlagen.
  Würd nur gern um Einlass fragen.
KOBOLDFRAU: Na, wenn dies dann alles ist,
  tritt nur ein und nimm da Platz.
MIHAN: Man dankt!
KOBOLDFRAU: Für nichts!
  Ich selber bin noch nicht lange hier.

31

Erst seit paar kurzen Wochen
hab ich mich hier verkrochen.
MIHAN: Wie kam's, dass ihr dies fandet?
KOBOLDFRAU: Ich war nicht immer klein.
Ich war auch einst mal größer,
doch wollt kein Mensch mehr sein.
MIHAN: Welch Freude, denn auch ich
komme grad von dort.
War eben noch ein Mensch
und an nem andren Ort.
Was führte dich herunter
als Kobold hier zu hausen?
Warst du als Mensch nicht munter?
KOBOLDFRAU: Ich war es niemals, nie.
Hier unten bin ich's, sieh!
MIHAN: Ich seh, dass du dich freust,
ich sehe dich gern lächeln.
Doch warum bist du fröhlich?
Was macht dir dies so herrlich?
KOBOLDFRAU: Das Zaubern[2] ist's, mein
Freund!
War's dir denn nie bekannt?
Vor langer Zeit ham Kobolde
sich der Magie bemannt.
Aus Pilzen mach ich Bücher,
aus Wurzeln Schokolade.
Aus Wasser mach ich Lichter,
nen Schmetterling aus der Made.
Mit all meinen Zaubersachen
kann ich Wunder dir erschaffen.
MIHAN: Wahrlich gut scheint mir dies Werk.
Doch sag, ist es das Leben wert?
KOBOLDFRAU: Das Zaubern, das ist alles:
Erfüllung, Freud und Leben.

Es macht die Welt fast endlos,
es kann nichts Schönres geben!
MIHAN: Sodann will ich es wagen.
Ich will mit meinen Händen
die Tür zum Geist zerschlagen[3],
will meine Sinne spenden!
KOBOLDFRAU: Sodann will ich dir helfen,
will tun was ich kann.
Komm mit mir nach unten,
dort findt' sich mein Labor.
Da werd ich es dir zeigen,
hab Herz Verstand und Ohr!
Folge mir!
(Beide ab.)

ZWEITE SZENE:
LABOR.

KOBOLDFRAU: Dies ist mein liebs Labor.
Hier schaff ich und ich tue.
Ich bring Magie hervor
aus meines Wissens Truhe[4].
MIHAN: Wie weckt all dies Gerät
dic Neugier tief in mir.
Zeig mir doch bitte etwas!
Ich sitz und lausche dir.
KOBOLDFRAU: Freilich, ein Theater[5]
soll's geben hier für dich:
Krötenhals und Ei,
bring mir ein Licht herbei;
ein großes, grünes, gelbes,

ein langes, lautes, schnelles.
durch meine Zauberei
erscheine, eins, zwei, drei!
(Lichtkugeln erscheinen)
MIHAN: Potzblitz, ich seh es leuchten!
Es ist so schön, so hold.
Ein Lichtball neben Zweitem,
nicht heiß und auch nicht kalt.
KOBOLDFRAU: Es ist, als wär ich göttlich[6].
Die Freud trifft mich ins Herz.
Dies macht mich so zufrieden,
es wärmt mich wie der Nerz.
MIHAN: Ich will solch Zauberei
auch meinen Fingern geben.
Will zaubern allerlei,
will fort und weiter streben[7].
KOBOLDFRAU: Sehr gern will ich dich lehren
die Kunst der Zauberei,
den Balsam der Magie.
Ich bring dir alles bei!
MIHAN: Mein Herz freut sich so sehr,
als wenn's in Liebe wär.
Des Zauberns hohe Bäume
erfüllen alles meine Träume.
KOBOLDFRAU: Gewiss mein neuer Freund
du sollst auch mich mehr kennen.
Ich will dir meinen Namen nennen.
Kundulene, das bin ich.
Bin die Frau des Kundelruhr[8].
Zwar ist der ein Kobold nicht,
doch Gnome ähneln der Statur.
Leider ist mein Ehemann
für lange Zeit im Walde droben,
geht seinen Geschäften nach,

hat den Hochzeitstag verschoben[9].

MIHAN: Auch hab weit zu Hause
  ein Weib so wunderschön
  wie außer ihr kein Zweites
  vor meine Augen ging.
  Mein Name, der ist Mihan.

KUNDULENE: Oh Freund, ist die Bedeutung
  des Namens dir auch klar?

MIHAN: Freilich, ja sie ist es.
  So wie sie's immer war.

KUNDULENE: Dann komm hierher zum Schrank

MIHAN: Der mit den Griffen blank?

KUNDULENE: Jawohl, ein jener ist es,
  in welchem meine Bücher,
  in welchem meine Stäbe,
  die es dir leichter machen.
  Hier ist das Buch der Weisheit,
  das Buch des Denkens auch
  und mit dem Buch des Sagens
  nur lernst du dessen Brauch.
  Ein Stab[10] ist hier für dich,
  der deine Hände lenkt.
  Er lenkte einst auch mich,
  nun ward er dir geschenkt.

MIHAN: Ich danke dir von Herzen,
  ich danke dir für alles.
  Ich will sogleich beginnen
  mit all dem Zauberwerk.

KUNDULENE: In Büchern steht geschrieben,
  dein Denken sollst du lieben[11].
  Nur das ist jene Kraft,
  die dich zufrieden macht.
  Die höchste aller Künste
  macht's Denken und nur dies

ist was erstrebenswert[12] ist.
Dies sei das Erste was du lernst:
Das Denken ist des Lebens Ernst[13].
MIHAN: Ich merk's mir! Bin gefasst,
was du demnächst auf Lager hast.
KUNDULENE: Das Wichtigste beim Zaubern
ist Klarheit deines Denkens,
ist Fokus deines Geistes,
ist Grundlage des Lenkens.
Musst ballen deine Energie.
Musst sehen alles um dich rum.
Doch vergiss derweilen nie:
Gedanken, die sind niemals stumm.
MIHAN: Ich merk's mir, fahre fort,
will hören mehr und sehen!
KUNDULENE: Sehr wichtig sind die Worte[14],
die aus dem Munde kommen.
Sie sind nicht aus dem Bauche[15],
sie sind aus keiner Laune.
Du musst sie überlegen,
du musst sie auch erfühlen.
Darfst nichts dem Zufall[16] schenken,
noch in Gedanken wühlen.
Es muss Affekt nur sein,
Gefühle deines Kopfes.
Du darfst nicht überlegen,
doch behalt im Schopfe:
sie wollen überlegt doch sein.
MIHAN: Wie soll ich das vereinen,
Das Andre mit dem Einen?
KUNDULENE: Nur Mut fehlt dir und Übung,
das Buch in Fleisch und Blut.
Du wirst es auch bald können.
Üb weiter, Übe gut!

Es fällt mir ein, dass übermorgen
Wettbewerb für deinesgleichen,
ein Fest für alle, die erst jüngst
die Hände mit Magie einweichten.
Der Preis für diese große Ehr
Ist ein Buch, das alles wär.
Nostradamus[17] ist sein Dichter.
in ihm steht der Lauf der Lichter.
Denn vor vielen Jahren einst
nahm ein Kobold es von oben
mit hinab ins Erdenreich,
um sein Wissen zu erproben.
MIHAN: Ei, dies will ich meines nennen,
Möcht damit von dannen rennen!
Dieses Buch, es gäbe mir
ganz gewiss das was ich such.
KUNDULENE: So übe fleißig, stetig auch.
Ganz so ist es Koboldbrauch.
Denn was wäre unsereiner,
tät er nicht wie niemals einer
stetig nur sein Wissen mehren,
denn nur dies ist zu begehren.
Wie ein Kobold einst schon sprach:
„Großes Wissen, das ist Macht!"
MIHAN: So setz ich mich, erlaube mir
und bleib ein Weilchen hier bei dir.
Ich werde lesen, üben, lernen
aus dem Buch und von den Sternen,
werde mich perfektionieren
und paar Sachen ausprobieren.

DRITTE SZENE:
LABOR BEI NACHT.

MIHAN: Neugierig wie kleine Kinder
  sitz ich hier und lerne ich
  von dem Buch und seinen Bildern.
  Ich sitze hier und bilde mich.
  Hab schon allerlei gelesen
  von Feuer und auch andren Wesen.
  Weiß nun wie der Lauf der Welt
  und alles sich in Händen hält.
  Wie der Himmel weiterzieht
  und das Licht das Dunkel flieht.
  Alles Sein ist mir nun offen;
  kann nicht mehr auf Weitres hoffen.
  Auch ist es mir zueigen
  wie sich des Zaubers Worte neigen.
  Habe alles in mir drin;
  kann verändern, kann erschaffen,
  kann versetzen wo immer hin,
  bring Holz und Marmor zum Erschlaffen.
KUNDULENE: Mein Freund, es ist schon spät,
  du solltest schlafen gehn,
  denn morgen ist der Tag
  und alle werden sehn
  wie du die Zauber wägst
  und dich im Wettkampf schlägst.
MIHAN: Sehr wohl, ich will's versuchen
  und ruhen bis es graut.
  Der Morgen wird bald kommen,
  der mich aus dem Bette haut.
KUNDULENE: Ich hoff du warst hier fündig

und hast etwas gelernt,
damit du groß und mächtig,
damit du Sieger wirst.
MIHAN: Gewiss, ich bin bereit
mich mit dem Volk zu messen.
Hab Mut, hab Macht, hab Zeit,
doch hab ich nichts vergessen.
KUNDULENE: Hier ist ein Wurzelbrei;
ich holte ihn herbei.
Sei satt und auch zufrieden
und morgen wirst du siegen.

VIERTE SZENE:
ARENA.

MIHAN: Heut ist es so weit,
ja, heute werd ich siegen.
Ich will den ersten Preis
und werde ihn auch kriegen.
SCHIEDSRICHTER:
Ich heiße euch willkommen,
ihr Neuen und auch Alten!
Euer Bitten ward vernommen,
das Datum ward gehalten.
Die Regeln, das sind diese,
die ich euch nun verkünd:
All Bücher sind verboten,
wie Zettel in den Pfoten.
Das Schummeln nicht erlaubt,
den Andren hindern auch.
Euer Werk, es sei allein

von euch und euren Händen.
Zum Hindern sag ich nein,
zum Helfen auch der Andren.
FINDRI: Ich will es und ich krieg es;
schon immer war es mein.
Ich werd es mir heut holen;
es kann nicht anders sein!
RAMUR: Das Buch, es ist für mich.
Für mich, für mich, für mich!
SOLUR: Ihr Freunde und ihr Feinde
in diesem edlen Kampf,
es liegt doch auf der Hand:
Das Buch ist längst schon mein!
SCHIEDSRICHTER:
Haltet euren Spruch bereit!
Wer siegt, das sagt ein Volksentscheid.
MIHAN: Kundulene, bist du hier?
Bleibst du auch ganz eng bei mir?
KUNDULENE: Ich bin hier und bleib es auch;
höre nicht auf deinen Bauch.
Denken, das ist die Devise!
Damit löst du jede Krise.
PÖBEL: Sensationen wolln wir sehn!
Lichter, die am Himmel stehn!
Bäume, die am Morgen gähnen!
Körner, die sich selbst aussähen!
Schafft die Zauberer herbei;
zaubern solln sie uns allerlei,
das große Gold und Edelstein;
nur das Beste soll es sein!
RAMUR: Die Menge ist am Toben
und ob ich auch mich fürcht,
zum Held werd ich erhoben,
dass jeder auf mich horcht.

FINDRI: Dies Maul steht dir nicht gut.
  Mein ist der heutge Preis.
  Voll Können und voll Mut
  halt ich mein Wesen leis.
SOLUR: Mögt ihr der Menge dienen,
  doch ich beherrsche sie.
  Den Preis werd ich gewinnen.
  Versagen könnt ich nie.
MIHAN: Mir bangt, bist du noch da?
KUNDULENE: So wie ich's immer war.
  Hast du denn für mich heut
  den richtgen Spruch parat?
MIHAN: Ich glaub, jetzt wird es Zeit.
  Natürlich, er ist da.
SCHIEDSRICHTER:
  Wir warten auf den ersten
  der Euern, tretet an!
  Jetzt wollen wir doch sehen
  wer's Meiste von euch kann.
PÖBEL: Zaubern, zaubern, das sollt ihr!!
  Großes sehen wollen wir!!!
FINDRI: Ich bin hier der Erste!
  So höret meinen Spruch:
    Ich beschwör
    die Macht der Götter
    und ich hör
    der Welten Wetter.
    Wasser, Wasser,
    Regenrinnen,
    Wasser soll
    von hinnen rinnen!
    Bäche, Flüsse,
    Ströme auch,
    Wasser steht uns

an den Bauch.
Ono henna, henna
Wana esta nemma!
Iro hasto nass!!

(Es beginnt heftig zu regnen.)

PÖBEL: Wasser, Wasser schwemmt uns über!
  Unsre Häuser gehen nieder!
  Hilf doch jemand! Diese Flut!
  Wasser rinnt uns aus dem Hut!

OBERSTER MAGIER:
    Ono henne nasta,
    weg sei all dies Wasser!

PÖBEL: Endlich, endlich ist es fort;
  Trocken, trocken dieser Ort!

SCHIEDSRICHTER:
  Ihr sprecht?

PÖBEL: Niemals
  ist dieser gut genug
  als Meister seiner Künste.
  Sein Handeln war nicht klug,
  Weshalb er nicht siegen könnte!

SCHIEDSRICHTER: So sei es denn mein Freund.
  Du bist der Erste nicht,
  drum such dir einen andren,
  der weiter von dir spricht!

FINDRI: Wie konnte dies geschehn?
  Wie kam es nur so weit?
  Ich tat so viele Stunden!
  Ich übte lange Zeit...

SCHIEDSRICHTER:
  Der Zweite ist gefragt!

RAMUR: Das kann kein andrer sein,
  als ich; das Buch ist mein!

SCHIEDSRICHTER:

Nicht eh du was gesagt!
RAMUR: Wohlan, denn lauscht mir nur!
  Ich werde euch bezaubern
  und alle Sinne rauben:
    Geister dieses Waldes,
    gebt Leben in das Holz.
    Laufen soll es, springen,
    tanzen voller Stolz!
    Eiche, Birke,
    Esche, Borke,
    lauft geschwinde
    von dem Orte.
    Eure Wurzeln
    sollen leben,
    sollen purzeln,
    sollen beben!
    Ono henna, rhuna,
    Wana lema, huna!
    Hano lasa, lauft!!
(Zwei Bäume erwachen zum Leben, laufen umher
und dreschen auf den Pöbel ein.)
PÖBEL: Wehe, dieses Holz!
  Es prügelt auf uns ein!
  Nehmt schnell ihm die Bewegung;
  es soll nicht böse sein!
OBERSTER MAGIER:
    Ono henna, nil
    all das Holz steh still!
(Die Bäume erstarren wieder.)
PÖBEL: Großer Gott, es ist vorbei
  mit der Eschenteufelei!
SCHIEDSRICHTER:
  Euer Wort?
PÖBEL: Versagt

hat er im Ganzen
mit seiner Holzhexerei!
Die Bäume solln nicht tanzen.
Der Preis geht an ihm vorbei!
RAMUR: An mir vorbei? Oh nein!
Wie könnte so was sein?
Warum ist dieses alte Holz
nur immer sauer? Ach, was soll's...
PÖBEL: Schaft ihn weg! Gefahr
winkt uns aus seinem Können!
SCHIEDSRICHTER:
Sehr wohl, denn noch sind's zwei
für unsre Zauberei.
Den nächsten will der Pöbel!
        Heran!
SOLUR: Sehr wohl, 's ist gleich getan.
Von meinem Wunderwerk
wird Wundersames kommen.
Ich hab mir raus genommen
das größte Ding zu tun.
So viele Nächte dacht' ich
an der Idee herum
mit der ich euch betören
und mich zum Sieger
krönen kann.
PÖBEL: So fange er denn an!
Er labert unsre Zeit hinfort;
es wundert uns wie er das kann.
Geschwätz wie dieses, das ist Mord!
SOLUR: Als ich ein kleiner Kobold war...
SCHIEDSRICHTER:
Leg endlich deinen Zauber dar!!!
Der Pöbel ist am Kochen
Und bald auch deine Socken!

SOLUR: So staunt:
  Tiere hier und da,
  wie bin ich euch gewahr,
  dass euer Geist
  den Weg mir weist.
  Den Stein zum Flusse hier
  nehm ich mir,
  werd ihn beben
  und beleben.
  Tierkreis aller
  Lebewesen,
  gibt mir Kraft,
  dass ich's schaff!
  Ono henna, lumbria,
  Wana umdru, burch!
  Hern ad asa Lurch!!!
(Der Stein verwandelt sich in einen Lurch, der
sogleich davonläuft. Der Pöbel schweigt.)
SCHIEDSRICHTER:
  War's ein Lurch?
  Ein winzger Lurch???
SOLUR *(stolz)*: Sehr wohl, mein werter Richter.
(Der Pöbel bricht in Gelächter aus.)
PÖBEL: Er zaubert uns ein Ungeziefer!
  Dessen haben wir genug!
  Kann das denn schon alles sein?
  Was sogleich von dannen zog?
SCHIEDSRICHTER:
  Wie stimmt ihr?
PÖBEL: Schlecht
  für jenen dort,
  welcher uns mit Tieren ärgert,
  mit jenen, die wir lange schon
  raus aus unsren Häusern wollen.

SOLUR: Dies war doch edel!
  War doch gut!
  Ehrt ihr keinen, der dies tut?
SCHIEDSRICHTER:
  Bei Weitem nein, du Junger, du!
  Mach nur, dass du weitergehst!
  Fang den Bodenkrabbler nun,
  mach wieder nen Stein, der sich nicht regt!
SOLUR: Dies vermag ich nicht zu schaffen.
  Dacht ich Adel aus eurem Gaffen.
  Nie hätt ich gedacht,
  dass mein Werk euch böse macht.
SCHIEDSRICHTER:
  Endlich fort mit diesem hier;
  schluss und endlich geht's zu dir!
(deutet auf Mihan)
KUNDULENE: Sei mutig und sei tapfer.
  Ich stehe hinter dir.
MIHAN: So mag ich es denn schaffen,
  das Beste nun von mir.
  Ich brauch nur dieses Staubes,
  um Staunen zu erzeugen:
    Alle Mächte,
    die ich kenn,
    die ich brächte
    zu mir hin.
    Dieser Staub soll es sein -
    das, was der Pöbel will[18]!
    Er blicke in sie ein,
    in ihre Herzen rein,
    soll sein, was er dort findet,
    was alle hier nun bindet!
    Zerra, zerra,
    ranu, nerra!

hasfu norrum,
  enta Herum!!!
(Mihan wirft den staub in die Luft. Dieser
verwandelt sich in Goldmünzen, die von Himmel
regnen.)
PÖBEL: Oh, wie fein! Gold soll's sein.
  Dieses Glänzen, dieses Glitzern,
  ach herrje, wie ist es fein.
  Gold, Gold, Gold[19], das soll es sein!
SCHIEDSRICHTER:
  Wie lautet euer Urteil?
PÖBEL: Dem Zauberlehrling Heil!
  Wir sind einig: er ist Sieger.
  Dieser Kobold soll es sein!
  Mehr Gold in unsre Hände rein!!!
MIHAN: Ich hab's! Ich bin's!
  Ich danke euch!
  Ich neig mein Haupt für euch.
  Wie kann's nur sein?
  Wie ist es so?
  Ich kann's! Ich bin's! Danke.
(verbeugt sich)
OBERSTER MAGIER:
(tritt hervor)
  So sei es denn: das Volk entschied
  für jenen Unbekannten dort.
  Folge nun auch meinem Ruf
  und hole dir von mir das Buch!
MIHAN: Ich eile zu euch, alter Mann.
OBERSTER MAGIER:
  Tue er das so gut er kann!
  Doch der Preis kommt nicht von mir;
  dieser Pöbel gab ihn dir.
(deutet auf den Pöbel)

47

Meiner soll ein andrer sein.
Von mir ist, was er gewiss begehre;
kein Gold, Juwelen, nein.
In meine Lehre stell ich dich ein!
(Der Pöbel tobt Beifall.)
PÖBEL: Ja, sehr recht! So soll es sein;
tritt in seine Lehre ein!
MIHAN: Voller Demut steh ich hier,
verbeuge mich ganz tief vor dir.
Ach, wie gerne blieb ich hier
und lernte alles Zeug von dir.
Doch die Sehnsucht[20] treibt mich fort,
weg an einen andren Ort.
OBERSTER MAGIER:
Was soll das heißen?
Du willst weg?
MIHAN: Sehr wohl.
Mich treibt der Zweck.
Ich hab noch etwas zu erleben,
kann deshalb nicht hier verweilen.
OBERSTER MAGIER:
Es trübt mich sehr,
dass dein Talent
außerdem noch Eile kennt.
Doch sei immer dir gewiss,
dass meine Tür dir offen ist.
MIHAN: Dank sei euch, oh alter Mann;
will sehen, was ich tun kann.
Auch dem Pöbel dank ich sehr,
tief im Herzen und noch mehr!
PÖBEL: Bitte, bitte komm bald wieder!
Sei willkommen dann bei uns!
(Mihan steckt das Buch ein. Mit Kundulene ab.)

FÜNFTE SZENE:
KOBOLDHAUS.

KUNDULENE: Stimmt es wirklich, ist es so?
   Dass du uns schon jetzt verlässt?
MIHAN: Meine Teure, es ist wahr.
KUNDULENE: Warum bist du so sonderbar?
MIHAN: Wegen meines Glückes
   zog ich aus ins Land.
   Trotz Zaubern, Geld und Denken
   weiß ich, dass ich's nicht fand.
KUNDULENE: Jedes Ding auf dieser Welt,
   sagte mir mein Ohm damals,
   hat etwas, das für ihn zählt,
   trägt es stets um seinen Hals.
   Ich fand mein Glück hier unten,
   im Zaubern und im Denken.
   Doch kann ich auch verstehn,
   nicht jedem kann's so gehn.
MIHAN: So weißt du, ich muss fort
   und weiter danach suchen.
   Des Glückes goldner Hort -
   ich muss es doch versuchen!
KUNDULENE: So geh mit Gott und diesem hier -
(reicht ihm eine Eichel an einem Lederband)
   es ist zum Glück, nimm es dir.
   Der Zauber dieser Eichel,
   der nimmt dich stets in Schutz.
MIHAN: Dem Schicksal nur zum Trutz!
   Wohlan, du Holde, ich muss los.
   Ade sag ich, auf Wiedersehn!
KUNDULENE: Lebwohl du Heimatsuchender!
(Mihan ab.)

SECHSTE SZENE:
WALDESLICHTUNG.

(Mihan tritt aus einem Erdloch hervor, immer noch als Kobold.)

MIHAN: Wie schwer fühlt sich mein Herz doch an,
  kam ich nicht an mein Glück heran.
  Ich lernte, las und blätterte
  durch manch allwissend Buch.
  Doch seh ich nun voll Gram und Trauer:
  das war's nicht was ich such.
  Wissen mag dem Mann genügen,
  der Grenzen[21] um sein Leben zieht.
  Doch kann kein Mensch mit Geist und Seele
  finden, dass dort alles liegt.
  Wissen macht nicht glücklich.
  Es stellt mich nicht zufrieden.
  Es macht den Mensch vergänglich
  und ist doch nicht zu kriegen.
  Auch ist gewiss, dass Bücherseiten
  keinem Menschen Glück bereiten,
  denn in ihnen steht nicht alles,
  was ein Mann zum Leben braucht.
  „Wissen ist auch Macht",
  so sagte man mir stets.
  Doch hat's mir was gebracht?
  - Gar wenig, wie man sieht.
  Warum nennt man Wissen Macht,
  wenn es doch nicht glücklich macht?
  Geist des Waldes, eil herbei!
  Mach den Zauber,

mach ihn wieder, dass
ich menschlich wieder sei!
(Geist des Waldes erscheint)
GEIST DES WALDES:
   Ich bin der Geist des Waldes
   Ich lebe überall.
   Ich –
MIHAN: Geschwind, mein Freund!
   Ich kenn dich schon.
   Du machtest mich zum Kobold,
   dass ich mein Glücke find.
   Doch fand ich's nicht im Wissen,
   da Wissen dies nicht bringt.
GEIST DES WALDES:
   Nun denn, so sei's für dich
   - da ich dir sonst nichts bieten kann-.
   Magst du die Gunst des Waldes nicht,
   so wirst du wieder Mensch.
      All ihr Mächte,
      die ich rief,
      ich bitte euch
      und fordre tief:
      Lasst das Wesen
      hier vor mir,
      lasst es gehen,
      lasst es hier!
(Mihan verwandelt sich wieder in einen
Menschen.)

DRITTER AKT

ERSTE SZENE:
WALDESRAND.

MIHAN: So war's wohl nichts mit Wissen,
   mit Büchern und alldem.
   Muss sagen, 's war auch reichlich,
   ich will sie nicht mehr sehn.
   Ist hier die Such' am Ende?
   War's das denn hiermit schon?
   Ich sehne mich nach Lene,
   wie sehr sehn' ich mich heim!
(setzt sich auf einen Stein, Willensgeist erscheint)
   Schon wieder du?
   Als Botengeist?
WILLENSGEIST: Sei froh, dass du nicht alles
weißt!
   Respekt scheint dir gar weh zu tun.
MIHAN: Vor wem? Vor dir?
WILLENSGEIST: Ich dacht' es schon...
   Wie gern würd ich dich hetzen
   mit Feuer und mit Blitzen,
   würd dir einbläuen mich zu achten,
   dass du einmal höflich bist!
MIHAN: Sag mir, warum tust du's nicht?
WILLENSGEIST: Du Tor! Du kleiner Tor!
   Wozu hast du ein Ohr?
   Hat man dir denn noch nie gesagt,
   dass stets den Geist die Pflicht nur plagt?
   Ein Geist hat stets nur jene Macht,
   wozu ihn Gott auf Erden bracht'.

MIHAN: Das sagte man mir nie,
  dass Geister nicht allmächtig sind.
  Ich dachte stets das Andre
  seit ich auf Erden wandre.
WILLENSGEIST: Allmacht hat nur der eine,
  der drob ihm Himmel thront.
  Und folgen muss ihm alles,
  was auf der Erde wohnt.
  Und dieser eine sandt' mich
  erneut zu dir, du Heide.
  Er will dir weiter helfen
  zu Glückes großer Weide.
MIHAN: Wohin soll ich denn diesmal gehen?
WILLENSGEIST: Hör jetzt mein Wort!
  Du wirst schon sehn.
  Begebe dich gen Norden,
  zum Fuß des Berges dort.
  Du siehst ihn schon von weitem,
  von hier ist's nicht weit fort.
  Dort such den Geist der Künste,
  der wird dir freundlich sein.
  Bitt' ihn um seinen Segen
  und er lässt dich herein.
  Das war's, es ist getan.
  Nun lasse mich in Ruh!
MIHAN: Geh nur, du Geistersöhnchen.
WILLENSGEIST: Elendige Sterbliche...
(Willensgeist verschwindet)
MIHAN: Zu Berge soll ich ziehn!
  Mein Kreuz tut mir noch weh
  von Nostradamus' Buche,
  doch mag ich's nicht verschmähn.
  So richt ich schnell den Umhang,
  dass ich nicht frieren muss,

verstaue Schwert und Essen
und eile los, zu Fuß.
(packt seine Sachen und geht Richtung Berg)
Auf zum Neuen,
auf zum Weiten,
mag der Berg mir Trost bereiten!
Auf gen Norden,
in die Höh',
dass ich dann mein Glück dort seh'!

ZWEITE SZENE:
FELSWEG.

Ein Weg, der hinauf in die Berge führt.

MIHAN: Reise, Reise,
immer fort.
's ist zu leise
- hier ein Lied!
(singt)
Berge, Felsen,
steile Höhn
hab ich gar
noch nie gesehn!

Drum geh ich geschwind,
drum gehe ich fort.
Ich geh mit dem Wind
zum Felsenhort!

Horen[1] leuchte mir

hell meinen Weg,
dass ich ihn heil
und geschwind zurückleg!
Donner! Was ist dies?
(Ein Geist schwebt am Wegesrand und späht den Hang hinab.)
Ein Geschöpf von sondergleichen,
ihn umgebend jenes Zeichen,
das mir Angst und Skrupel macht.
He du Geist, was trieb dich her?
GEIST *(starrend)*: Fielst hinab, ich kann nicht mehr.
Ein Schritt, ein Sturz,
der Arm zu kurz,
der Mund zu still,
nicht wie es soll.
Alles düster
um mich her.
Die Sonne scheint
nun jüngst nicht mehr.
Mag doch alles lichte werden,
es könnte besser sein auf Erden.
Weite Tunnel, ewig lang
machen Menschenherzen bang.
Will ich leben? Träumen? Hassen?
Könnt ich's auf der Erde lassen?
Es ist jener Weg² nicht weit,
welcher uns von dem befreit.
Hat man uns doch stets gesagt:
„Das, was dich im Leben plagt,
wird den Tod nicht überdauern,
wird dort nicht mehr auf dich lauern."
Ist's nun leichter? Oder schwerer?
Macht's uns voller? Oder leerer?

Eines nur bleibt uns gewiss:
Dass das Leben endlich is.
MIHAN: Welch trübe Worte gibst du mir?
Und überhaupt, was tust du hier?
GEIST: Gerade eben stand ich
wo deine Füße sind.
Ich harrte dort und plötzlich
warn meine Augen blind.
Als das Licht zurücke kehrt',
da harrte ich noch immer dort.
Doch war mir mein Kopf so leicht,
als ob dort jede Tragik weicht.
MIHAN: Du sprichst mir wirr,
mein Geisterfreund.
Warum, bitte sage mir,
wartest du und schwebst du hier?
GEIST: Sieh nur diesen Hang herab,
sieh hinunter auf mein Grab!
*(Mihan blickt herab und sieht einen Toten Mann
mit zertrümmertem Schädel.)*
MIHAN: Oje, seht dort, ein Toter!
Rotes Blut strömt überall!
Versiegt ist ihm der Lebensquell!
Ach herrje! Hat er mit dem Tod gehadert,
dass dort nun sein Innres wabert?
Regungslos liegt dort sein Schopf
und zerschmettert ist sein Kopf!
GEIST: Das Meine war er einst,
dieser elend'ge Berg von Fleisch.
Ich sah 's nicht kommen,
konnt' nichts tun.
Da ward mir mein Licht[3] genommen.
Und mein Körper soll hier ruhn?
MIHAN: Mark und Bein gefrieren mir

und mein Herz, es fühlt mit dir.
GEIST *(weint)*: Kläglich, ohne jede Würde
  liegt dort mein Gebein.
  Ich wollte niemals, dass ich sterbe.
  Muss es denn so elend sein?
  Wie war ich stets so fromm
  und dann scheitert es an Diesem,
  dass ich in den Himmel komm'...
MIHAN: Auch ich will, dass ich glücklich bin.
  Wie könnte ich es jemals sein,
  ginge ich jetzo dahin
  und ließe dich mit dem allein?
  Ich steige diesen Hang herab
  und schaufle dir ein Ehrengrab!
  Dass du in den Himmel kannst,
  dass dein Leib nach Menschenwürde
  in den Boden wird verpflanzt.
(Mihan steigt den Hang hinunter, legt die Leiche in eine Mulde, deckt sie mit Erde zu und legt Steine darauf.)
GEIST *(lächelnd)*: Ich werd 's dir nie vergessen!
  Ich dank dir von Herzen!
  Zwar kann ich dir im Leben
  nichts Wertvolles mehr geben,
  doch bin ich nun ein tiefer Freund,
  der an deiner Schulter weint.
  Es wär die ganze Erde gut,
  tät jeder das, was dieser tut!
(Geist verschwindet lachend.)
MIHAN: Wohl! Singen mag ich nimmermehr,
  kommt doch grad ein Wind daher,
  der mein Herz wie Federn macht.
  Endlos weich und zart wie Schnee,
  wenn ich diesen Grabstein seh'.

Welchen Namen soll ich meißeln
auf den schroffen, großen Stein?
STIMME: Schreib Golanon, denn der war mein.

DRITTE SZENE:
FELSPLATEAU.

Der Gipfel des Berges, von Findlingen umrahmt.
Mihan steigt erschöpft hinauf.

MIHAN: Oh, wie schwer sind meine Beine!
  Und voll Schweiß der Rest von mir.
  Glücklich macht mich 's klare Wasser,
  welches ich hier mit mir führ.
  So sind's doch oft die kleinen Dinge,
  an denen manches Große hinge.
  Hier bin ich also oben,
  kein Weg bringt mich mehr weiter.
  Der Blick allein tut's loben
  - gar schön, so wie kein Zweiter!
  Und hier oben sollt' es liegen?
  Sollt' ich mein Begehren kriegen?
  Wahrlich scheint's mir sonderbar,
  liegen doch nur Steine da.
  Sicher liegt mir die Natur
  sehr nah an meinem Herzen,
  doch ich kann nicht nur
  mit Baum und Gras bestehn.
  Mag Gott dies denn nicht sehn?
  Denn es war doch immerhin
  er, welcher mich sandt hierhin.

Was soll ich hier finden?
(Geist der Künste erscheint.)
  Ei, schon wieder ist's ein Geist!
  - So sage er mir wie er heißt!
GEIST DER KÜNSTE:
  Ich bin der Geist der Künste,
  des Hammers, Säg' und Pinsel.
  Ich haus' in allem Schönen,
  das Menschenhände geben.
  Das Handwerk ist mein Reich,
  denn das ist 's einzig Wahre!
  Zwar ist's nicht immer leicht,
  doch macht's dich bis zur Bare[4]
  zufrieden und an Träumen reich.
  Drum ist ein jeder Mensch ein Narr,
  der niemals Handwerksmeister war!!
MIHAN: Ich bin –
GEIST DER KÜNSTE:
              Mein Freund, das weiß ich
schon,
  schon lange wart ich hier.
  Man sagt, du suchst des Lebens Lohn
  und sandte dich zu mir.
MIHAN: Sehr wohl, so ist's! Ich bitte dich,
  was bietest du denn an für mich?
GEIST DER KÜNSTE:
  Nach Höchstem stets nur streben,
  das soll das Menschenleben.
  Wer braucht schon Wissen oder Geld,
  wenn er, was er in Händen hält,
  mit bloßem Fleiße, bloßer Müh,
  großem Können und Kapee
  zu etwas Schönem formen kann,
  zu etwas gar Perfektem dann.

Mein fleiß'ges Volk, das sind die Zwerge,
wohnen hier in diesem Berge.
Schaffen, werkeln immer fort,
bauen Wundersames dort:
Aus Fels, aus Stein,
aus Stahl, aus Gold,
aus Stroh, aus Quarz,
aus Leim und Holz.
Schöner Schmuck aus Zwergenhand,
der ist überall bekannt.
Zwergenschwerter brechen nicht
und scharf bleiben sie ewiglich.
Zwergenmäntel trotzen Regen
und sie bringen Gottes Segen.
Zwergenteller halten dann
ewig dir dein Essen warm.
Oh Sterblicher, so sag mir nun,
was könnt ich dir Gutes tun?

MIHAN: Schon immer wollt' ich Schwerter baun,
wollt' mit dem Hammer Stahl behaun,
ganz großes Kunstwerk richten
und so mein Sein mit Glück beschichten.
So sage mir, du großer Geist,
ob du mir da zu helfen weißt!

GEIST DER KÜNSTE:
Dich lehren darf ich leider nicht,
weil sonst mir Gottes Güte bricht.
Doch kann zum Zwerge ich dich machen;
diese lernen jene Sachen.
So kannst du ins Reich der Ihren
und dann dort dein Glück probieren.

MIHAN *(begeistert)*: Juchhe! Das scheint mir gut
zu sein!
Mach mich zum Zwerg,

ich will herein!
Mein Traum war dieses lange schon
und endlich kommt des Traumes Lohn!
GEIST DER KÜNSTE:
  Sodann, wirf von dir alle Sachen,
  welche dich zum Menschen machen!
(Mihan legt seine Sachen ab.)
    Oh ihr Felsenmächte,
    die mir zu Eigen sind,
    ihr schweren Elemente,
    eilt hier herbei geschwind!
    Helft mir dies Menschenkindlein
    zu einem Zwerg zu machen!
    Gar klein von der Statur,
    nen einzgen Meter nur
    - so hause in dem Berg,
    als kleiner, dicker Zwerg!
(Mihan verwandelt sich in einen Zwerg.)
MIHAN: Warum sind denn nur alle,
  die keine Menschen sind,
  viel kleiner und viel dicker?
  Sag, weiß man was es bringt?
GEIST DER KÜNSTE:
  Nicht alle Wesen
  sind so klein.
  Auch solln nicht
  allc dicklich sein.
  Doch ist der Mensch das Größte.
(lächelt)
  Wo sonst soll man so großen
  Hohlraum drin verstecken?
  Sowie den Stolz und Zweifel
  und wehmütige Flecken?
MIHAN: Ich sehe schon, auch Geister

haben ihren Spaß am Leben
und warum sollt' es nicht
über uns auch Witze geben?
GEIST DER KÜNSTE:
  Du hast's erraten, kleiner Mann.
  So tue er nun, was er kann!
  Mein Thron, der ist hier oben,
  wo ich zuhause bin.
(Ein Tor im Berg öffnet sich.)
  So gehe nun dahin!
  Viel Glück, Erfolg
  und alles Andre,
  dass er nicht ins Verderben wandre!
MIHAN *(atmet tief durch)*:
  Auf zu Neuem!
(Mihan geht durch das Felstor, die Treppe herab.)

VIERTE SZENE: ZWERGENMARKTPLATZ.

Ein großer runder Platz, von Säulen gestützt.
Außen herum viele niedrige Steinhäuser mit
kleinen Fenstern. Handwerksgeräusche im
Hintergrund. Reges Treiben der Zwerge.

MIHAN: Welch wundersamer Ort!
  Paar Zwerge hier und dort,
  Geräusche überall,
  Gerüche von Metall.
  Die Blicke stets zu Boden,
  voll Anstrengung und Schweiß.

Die Wangen, welche rötlich,
glühn von der Arbeit heiß.
Bemerkenswert ist dieser Bau
und alles, was ich hier erschau.

DICKER ZWERG: Achtung! Weg da! Aus dem Weg!
Fertig werden muss der Steg!
An den Rand, ich muss vorbei,
sonst Bricht das Gebälk entzwei!

(Dicker Zwerg läuft hektisch an Mihan vorbei.)

MIHAN: Beschäftigt sein ist wahrlich schön
und auch sehr witzig anzusehn:
Jener dort schlägt Nägel,
der nietet einen Schemel,
der schleift am Stahl herum,
der meißelt so ein Drum;
das hab ich nie gesehn.
Ich werd mal zu ihm gehen.

(geht zum Steinmetz)

He du, was schaffst du da?
Ein Werk, so wunderbar!

BÄRTIGER ZWERG:
Freund! Ein Bildnis unsres Gottes -
Hephaistos, das ist er.
Du bist nicht dieses Ortes;
sag mir, wo kommst du her?

MIHAN: Ich komm von ganz wo anders,
von Menschen, weit entfernt.
Ich war schon tief im Wald und
hab von Kobolden gelernt.

BÄRTIGER ZWERG:
Von Kobolden, sagst du?
Vor denen will ich Ruh! *(lacht)*
Von Zauberschnickschnack,

Reichtumhickhack
und von Büchern, dick und schwer   -
brauchen kann das niemand hier!
Vergiss es lieber, rat ich dir!
MIHAN: Wohl weiß ich, dass diese Macht
gar kein Wesen glücklich macht.
Drum will ich es bei euch versuchen
und mir ein Gutes Handwerk buchen.
BÄRTIGER ZWERG:
So, so, hört, hört!
Und was gedachtest du an Wert?
MIHAN: Schwerter will ich schmieden,
die besten und die größten!
BÄRTIGER ZWERG:
Ei mein Freund, da rat ich dir,
geh zum Meister neben mir.
Der macht große, schöne, schwere -
geh zu diesem in die Lehre!
MIHAN: So will ich's tun!
Ich fang gleich an!
BÄRTIGER ZWERG:
Viel Erfolg und frohes Schaffen
wünsch ich mit den schweren Waffen!
MIHAN: Danke sehr! Nun will ich's sehn
und sogleich herüber gehen.

FÜNFTE SZENE:
ZWERGENSCHMIEDE.

Eine kleine Schmiede mit Amboss, Esse und
Schleifbock unter einem Vordach.
MIHAN: Ist hier heute wer zu Haus?

(Hellanon kommt heraus.)
HELLANON: Sehr wohl, mein Fremder!
  Kann ich was tun?
  Wollt ihr Schild und Speere kaufen
  oder Kettenhemdenhaufen?
  Sollt' es eine Klinge sein,
  gar nicht zu groß oder zu klein?
  Wie kann ich euch mein Handwerk bieten?
MIHAN: All das Schmieden, Hämmern, Nieten -
  solche Kunst ist wahrlich fein.
HELLANON: Und will auch lang geübet sein.
MIHAN: Recht, mein Freund, das weiß ich wohl,
  drum will ich dir ein Schüler sein;
  will lernen Kunst und Handwerk,
  mit Hammer, Hand und Bein.
HELLANON: So soll ich sein dein Meister?
  Ganz recht ist mir das nich'.
MIHAN: Mein Freund, ich bitte dich!
  Mir war niemals ein Traum so groß,
  nur dieser eine ist es bloß.
HELLANON: Mein Freund, so trete ein,
  ich will dir wohl gesonnen sein!
MIHAN: Hab Dank!
(Nela tritt ein.)
NELA: Der Herr zum Gruß!
  Gibt's hier was, das ich wissen muss?
HELLANON: Zu kennen gibt es diesen hier.
(Deutet auf Mihan.)
NELA: Ist er denn ein Freund von dir?
HELLANON: Er bat, ich sollt' ihn lehren,
  im Brennen und im Schmieden.
NELA: Wie fein, wie fein!
  Tritt nur herein!
  Ich bin die Schwester Hellanons.

65

MIHAN: Und ich entzückt!

NELA: Oh, danke sehr!

HELLANON: Jetzt keine Komplimente mehr!

MIHAN: Mihan ist mein Name.

NELA: Oh, mein Freund, ist dir bewusst,
welch Botschaft dir dein Name bringt?

MIHAN: Sehr wohl, ich weiß
des Namens Laut
und was mit selbigem mir graut.

NELA: Dann ist gut. Nur Mut, nur Mut!

HELLANON: So will ich gleich mit dir beginnen;
lass keine Zeit von dannen rinnen!

MIHAN: Sehr gern!

(Geht mit ihm zur Werkbank.)

HELLANON: Die Seele einer jeden Klinge
ist der Stahl und seine Ringe[5].
Drum wähl weise und zuerst,
von welchem Eisen du ihn nährst.

(Mihan kramt im Stahlhaufen herum.)

Ist der richt'ge Stahl erkoren,
zählen nun des Zwerges Ohren.
Denn es lässt sich schlecht beginnen,
kann der Stahl nicht richtig singen.

(Mihan hält sein Ohr an ein Stück Stahl.)

MIHAN: Kein Laut.

HELLANON: Ja, wie denn auch,
wenn man ihn nicht gen Amboss haut?

*(Mihan schlägt den Stahl gegen den Amboss.
Dieser vibriert und ein heller Ton erschallt.)*

Erschallt dir die gewünschte Stimme,
folgt das Schmieden einer Kimme[6].
Vorher jedoch sei gesagt
wie man es mit dem Hammer wagt.

(Mihan nimmt einen Hammer in die Hand.)

Nicht ganz so fest und nicht zu leicht,
grad so, dass die Wucht dir reicht.
Niemals schräg, stets gradeaus,
dass der Stahl in Richtung bleibt,
holst ihn aus der Esse raus,
dass er an der Kohle reibt.
(Mihan schiebt ein Stück Stahl in die Esse.)

Kirschrot muss das Eisen sein -
ja, so ist's zum Schmieden fein!
Ist nun alles wie es soll
und die rote Farbe voll,
wird nun endlich mit Bedacht
eine Kimme angebracht.
*(Mihan nimmt den Stahl heraus und schlägt eine
Spitze in das eine Ende.)*

Nicht zu stumpf und nicht zu spitz,
nicht zu kalt, nicht überhitzt!
Immer sachte und genau
schlägt ein Meisterschmied sich schlau.
Ist die Spitze dann getan,
sieht man sich den Rest nun an.
Nun bezeichnet man die Länge
und die Art gewünschter Klinge.
(Mihan begutachtet das Werkstück.)

Ist nun jenes ausgedacht,
wird der Rohling abgeflacht,
solang bis die gewünschte Dicke
eingetreten bei dem Stücke.
Für gewöhnlich ist's gescheit,

man macht sie nur nen Finger breit.
Ist der Wuchtigkeit zu viel,
gibt's keinen, der es tragen will.
*(Mihan fuchtelt etwas hin und her, glüht den
Rohling auf und schlägt ihn platt.)*

Nachdem auch dieses ist getan,
schlägt man beide Schneiden an;
gleichmäßig von hier und dort,
damit es auch schön grade wird.
Jedoch jetzt noch nicht zu scharf,
weil man's sonst nicht schleifen darf.

(Mihan schlägt die Schneiden an.)
Nun wird noch zu guter Letzt
eine Kehle eingesetzt.
Dazu nimmt man das Geschenk,
welches dort am Amboss hängt.
Dann wird alles noch genormt
und die Klinge ausgeformt.
Auch die Angel[7] wird geschlagen,
doch darf man zu viel nicht wagen;
denn zu kurz darf sie nicht sein,
sonst passt sie nicht mehr gut hinein.

(Mihan formt einen Erl.)
Oh, mir fällt gerade
ein nettes Liedchen ein!
Es will gesungen sein!

(Er singt die Arie vom unglücklichen Hugo:)

Es lebte einst ein Hugo,
weit ab von andren Zwergen.

Er lebte weit im Osten,
tief in den dunklen Bergen.

Keiner kannte diesen Armen,
darum lebte er allein.
Voller Gram und voller Sorge
weilte er, Tag aus, Tag ein.

Es kamen keine Gäste
und Freunde gab es nicht.
Auch gab's in seinem Hause
kein Tier, kein Glück und Licht.

So lebte er schon ewig lang
und war noch nicht sehr alt,
denn Zwerge altern nicht solang'
kein andrer sich gesellt.

Das Unglück plagte ihn gar sehr,
er wurde sehr, sehr krank.
Schlussendlich war sein Herz ganz leer
und seine Seele blank.

Sein Bett war ihm die Heimat,
denn gehen konnt' er nicht.
Die Tür war stets verschlossen,
kein Tier kein Glück und Licht.

So lag er lange Jahre
und weilte in der Stille.
Es grauten seine Haare,
es schwand sein guter Wille.

Gab es denn kein Mitleid,

der Götter und der Welt,
der allumfassenden Macht,
die ihn in Händen hält?

Vor Trauer brach sein Herz,
es sprang in tausend Teile,
voll unendlichem Schmerz,
durchbohrt durch tausend Pfeile.

Es lebte einst ein Hugo,
weit ab von andren Zwergen.
Er lebte weit im Osten,
tief in den dunklen Bergen.

(Mihan zeigt ihm erschöpft den geformten Erl.)
  Gut, so ist es fast schon recht,
etwas dünner als die Klinge
und die Winkel nicht zu scharf,
eins zu dreien ist die Länge -
so ist's wie man schmieden darf.
Ist die Klinge dann getan,
fängt man mit dem Härten an.
Hierbei sei ein jeder klug:
Weniger ist oft genug!
Überall darf man's nicht härten,
denn sonst bilden sich bald Scharten.
Nur ganz außen, grad und dicht,
damit uns der Stahl nicht bricht.
In der Mitte bleibt er weich,
so bleibt er gut und biegt sich leicht.

(Mihan glüht die Klinge auf.)
  Abgeschreckt wird sie mit Öl,
nicht zu wenig, nicht zu viel.

(Mihan taucht die glühende Klinge in ein Ölbad.)
  Als letztes Werk an diesem Stück
  schleifen wir den Schlot zurück.
  Auch ein Grad wird angebracht
  und so ist es dann gemacht.
(Mihan begutachtet das Ergebnis.)
MIHAN: Nun ja, es ist -
HELLANON: ein Erstlingswerk.
  Und gar nicht schlecht für einen Zwerg,
  der mit Schmieden erst begann.
  Schau es nicht so kritisch an!
  Übe nur noch eine Weile,
  schmiede, schlage, brenne, feile!
  Und sehr bald schon wirst du sehn,
  es wird dir immer besser gehn!
  Wichtig ist, du bleibst dabei,
  sonst ist alles einerlei.
    Schaffen ist die Kraft der Götter,
    denn sie schaffen Wind und Wetter.
    Drum ist Ehrfurcht angebracht,
    wenn ein Sterblicher was schafft.
  Höre stets auf meine Worte
  und auf das, was ich dir sag.
  Leg dein Herz in deine Werke,
  ist's bei Nacht oder bei Tag.
MIHAN: Sehr wohl, mein Freund,
  ich merk es mir.
  Den größten Respekt
  hast du bei mir.
HELLANON: So überlass ich dir mein Heim,
  Nela kocht bestimmt für dich.
  Ich muss nur kurz von dannen sein,
  ein andrer Herr erwartet mich.

MIHAN: So bleib ich hier und übe weiter,
  stets nur eifrig, stets nur heiter.
HELLANON: Richtig, richtig, ich muss los!
(Ab.)

SECHSTE SZENE:
SCHMIEDE BEI NACHT.

MIHAN: Ach, wie üb ich schon so lang
  und seh wie ich es noch nicht kann.
  Zwar die Technik weiß ich wohl
  und es klappt auch wie es soll,
  doch seh ich, dass noch etwas fehlt,
  es ist so leer, so tot, entseelt.
  So gut wie meine Klingen sind,
  gar überzeugen tut mich keine.
  Immer ist's, als ob was fehlt,
  das Letzte, Ungeheure, Kleine.
(Nela tritt ein.)
NELA: Hier, mein Freund, ein warmes Mahl,
  eins von dreien an der Zahl. -
  Drei von denen du noch nicht
  einen Haps gegessen hast.
MIHAN: Ach, wie kann ich denn was essen,
  übe ich doch wie besessen.
  Glücken will's mir einfach nicht.
NELA: Vielleicht fehlt dir das geist'ge Licht?
MIHAN: Welch Rätsel gibst du mir da auf?
NELA: Es zählt nicht nur der Zeiten Lauf.
  Wenn man etwas schaffen will,
  reicht des Meisters Kunst noch nicht.

Das Wichtigste, was dir noch fehlt,
ist, wie gesagt, ein solches Licht.
Musst Liebe in dein Schaffen legen,
Kraft und deines Herzens Segen.
Und nur dann sei dir gewiss,
dass dein Werk vollkommen ist.

MIHAN: Ich denke, ich verstehe schon.

NELA: Dann wage doch noch nen Versuch!

(Mihan geht zum Stahlhaufen, sucht das schönste Stück heraus und beginnt. Nela sieht gespannt zu.)

MIHAN: Nun gut!

(Mihan glüht den Stahl auf und schmiedet.)

Einen Schlag dem andren nach,
geradeaus und obendrauf,
der den Stahl mir freundlich macht
und formen tut er ihn mir auch.
Nun die Schneiden, nicht zu scharf,
dass man sie noch schleifen darf.
Eine Kehle braucht es dann,
dass man es auch führen kann.
Gehärtet wird es ganz zum Schluss,
weil man's noch veredeln muss.

(Mihan begutachtet das fertige Schwert.)

Wahrlich, das hat mir gefehlt,
ein Funke, der mein Werk beseelt.

NELA: Ich sag es doch;
nun ist's getan.
Sieh dir deine Klinge an!

MIHAN: Ja, mein Werk ist wirklich fein.
Es könnte nicht mehr besser sein!

(Er sucht eines der besten Hölzer her und bastelt einen Griff.)

Der Griff, er krönt das Ganze,
Messer, Schwert und Lanze.

Denn jede Klinge, gleich wie schön,
ist nur mit richt'gem Holz zu sehn.
NELA: Ein Meister ist aus dir geworden.
Vor dir mag sich nichts mehr verbergen.
Komm schon mit in unsre Küche,
dass ich dir ein Festmahl richte.
Angestoßen will auch sein -
für dich ein Bier, für mich den Wein!
MIHAN: Jawohl!

SIEBENTE SZENE:
KÜCHE.

*Eine niedrige Zwergenküche mit einem steinernen
Ofen und einer Feuerstelle.*

NELA: Auf eines Meisters Wohl, auf deins!
MIHAN: Hab Dank, da freut sich unsereins!
(Sie erheben die Gläser.)
Bei so viel Ehre, so viel Ruhm,
sag, was bleibt mir noch zu tun?
NELA: Tun? Was meinst du?
MIHAN: Weiterstreben!
Sicher gibt's noch mehr im Leben,
sicher reicht die Kunst noch weit,
führt mich in die Verborgenheit!
NELA: Nun, was soll ich dir noch sagen?
Weiter gibt es keine Fragen,
welch ihren Grund nicht zeigen
und die du ergründen kannst.
MIHAN: Nicht eine?

NELA: Nein, woher?
   Viel weiter geht's nicht mehr.
   Dies ist deiner Künste Gipfel,
   du weißt alles, was du musst.
   Es folgt nur noch deine Arbeit,
   deiner Kräfte langer Fluss.
MIHAN: Arbeiten? War's das denn schon?
   Ist Arbeit meines Weges Lohn?
NELA: Sicherlich. Was gibt's denn noch,
   außer stetig weiterbauen?
MIHAN: Neue Wege zu erschauen!
   Immer fort und weiter streben,
   immer und das ganze Leben!
   Nicht verweilen, weitergehen;
   Alte, Müde bleiben stehen!
NELA: Mehr zu lernen gibt es nicht.
   Arbeiten ist die letzte Pflicht.
MIHAN: So ist es also hier schon aus.
   Der Weg mg nicht mehr weiter gehn,
   mein wackres Herz, das ahnt' es schon,
   doch wollte ich das End nicht sehn.
NELA: Wo führn dich diese Worte hin?
MIHAN: Ich fürcht, nicht zu des Lebens Sinn.
   Ich suchte Glück im Schaffen,
   doch sind's nicht diese Sachen,
   die mir jenes offenbarn.
NELA: So wirst du wieder weiter ziehn?
MIHAN: Ja, so ist's.
NELA: So soll's wohl sein.
   Ich pack dir deine Sachen ein.
MIHAN: Verzeihe mir, doch war dies nicht
   wonach sich mein Herz erpicht.
   Auch will ich euch den Stahl bezahlen;
   was sollt' ich sonst aufs Kerbholz malen?

NELA: Nein, mein Herr,
   das geht nicht mehr.
   Der Stahl ist billig und zu Hauf.
   Pass nur sehr gut auf dich auf!
   Nimm dies' Schwert, das du gemacht,
   wart bis ich dir was gebracht,
   um die Klinge zu verhüllen,
   weil's nicht alle sehen sollen.
*(Sie holt eine Decke, wickelt die Klinge des
Schwertes darin ein, schnürt sie zusammen und
überreicht es ihm.)*
MIHAN: Ich danke euch von Herzen,
   nun muss ich weiter ziehn.
   Ich geh von euch mit Schmerzen
   auf meinem weg dahin.
   Leb wohl!!
NELA: Du auch!!
(Ab.)

ACHTE SZENE:
FELSPLATEAU.

*Mihan tritt als Zwerg aus einem Felsspalt hervor.
Dieser schließt sich darauf.*

MIHAN: So bin ich wieder in dieser Welt,
   die doch für mich so wenig zählt.
   Geist der Künste, komm herbei!
(Der Geist der Künste erscheint.)
GEIST DER KÜNSTE:
   Hier bin ich, Freund. Was kann ich tun?

MIHAN: Wandle mich wieder in nen Menschen um!

GEIST DER KÜNSTE:

  Hat mein Volk dir nicht gefallen?

  Ist es dir nicht hold genug?

MIHAN: Mir fehlt der Geist in deinem Werk.

  Ich denk, ich bin kein guter Zwerg.

  Zwar hab ich gelernt, getan,

  doch schau ich mir die Früchte an,

  dacht' ich doch, es gäb noch mehr,

  was darin verborgen wär.

GEIST DER KÜNSTE:

  Du wärst ein rechter Philosoph,

  lud man dich an des Königs Hof.

  Ich hoff nur, du hast was gelernt!

    Großer Kosmos,

    lass ihn gehen,

    Mach wieder

    nen Mensch aus ihm!

(Mihan verwandelt sich wieder in einen Menschen, der Geist der Künste verschwindet.)

MIHAN: Nur Handwerk macht das Leben stumpf,

  nicht nur die Hände, auch den Rumpf.

  Es taugt mir nicht das Schaffen,

  der Schweiß macht mich nicht froh,

  das Hämmern und das Feilen,

  die Schmerzen ebenso.

  Mir ist, als bleibt die Seele stehn,

  hat man nie mehr als Schweiß gesehn.

  So werd ich dann den Berg verlassen

  und woanders weitersuchen.

  Stets gelobt sei jene Kraft,

  die mein Weiterstreben schafft.

(Steigt den Berg hinab, nachdem er seine Sachen angelegt und das Schwert auf den Rücken geschnallt hat.)

VIERTER AKT

ERSTE SZENE:
FUß DES BERGES.

MIHAN: So steh' ich wieder zu Beginn
und weiß mal wieder nicht wohin.
Mehr und mehr scheint meine Zeit
und das, was sie mir geben könnt',
weiter fort als hier bereit;
weit weg ist die Geborgenheit.
Was soll ich meine Glieder schinden?
Mich in Schmerz und Arbeit winden,
nur um eines Tages dann
zu sehen, dass ich doch nichts kann?
Wissen, das ist endlich
und Können ist es auch.
Das Letzte scheint mir menschlich,
was keine Grenzen brauch'.
Wohin nun? Wieder heimwärts?
Zurück zu Frau und Haus?
(Der Willensgeist erscheint.)
Ach nicht doch!
Wieder dieser hier?
WILLENSGEIST: Hör' ich Freude aus dem Gruß?
Etwas, das mir schmeicheln muss?
MIHAN: Ich denk' mir, dir wär' sowas recht,
doch mach dir keine Illusion!
Weder Freud' noch Gruß sind echt.
WILLENSGEIST: Sterblicher... ich dacht' es
schon.
Auf deine Kosten kommst du noch!

MIHAN: Sprich schneller, Geist, bevor ich lach'!
WILLENSGEIST *(zu sich selbst)*:
    Nicht erzürnen,
    Finger still!
    Soll er sagen,
    was er will...
   Nun gut, Suchender,
   Wie's scheint, so hast du Glück.
   Du siehst mich hier zum letzten Mal,
   ich komm' nicht mehr zurück.
MIHAN: So ist also die Reise aus?
WILLENSGEIST: Sehr wohl, mein Freund.
   Doch diesmal geh' ich nicht allein.
   Der Herr sagt, du sollst bei mir sein.
MIHAN: Wie meint er das?
   Wie soll es sein?
   Der Gott der Christen lädt mich ein?
   Muss nur noch meine Schuhe binden.
WILLENSGEIST: Schluss mit Frevelei und
Sünden!
(Er nimmt ihn bei der Hand.) (Dunkel.)

ZWEITE SZENE: HIMMELSPFORTE.

*Ein riesiges goldenes Tor. Davor steht der
Erzengel Gabriel. Engelschöre im Hintergrund.
Mihan liegt vor dem Tor und erwacht.*

MIHAN: Oh weh, nun ist's um mich geschehn!
   Meine Augen, alt und müd',

haben den letzten Tag gesehn.
(Sieht sich um und erblickt Gabriel.)
 Sag mir, Freund, wo sind wir hier?
 Und wie kommen wir hier her?
GABRIEL: Dies hier ist das Himmelstor,
 Tür von Eden, Tür von dir[1].
 Und den Weg hierher kennt nur
 Gottes Gnade und Natur[2].
MIHAN: So bin ich tot?
GABRIEL: Noch lange nicht;
 hör, was dir der Herr verspricht:
 Alles, was auf Erden geht,
 das geht seinen rechten Lauf;
 der Mensch, der auf der Erde steht,
 der Kobold, der im Boden haust.
 Auch dein Weg ist noch nicht vorbei,
 denn der Herr höchst selbst versprach
 dir des Lebens Lohn und Fügung,
 die sich dir offenbaren mag.
 Mihan, ist dir denn gewiss,
 wie schicksalhaft dein Name ist?
MIHAN: Ja, ich weiß.
GABRIEL: So trete ein.
 Mag Gott und Geist dir gnädig sein.
(Das Tor öffnet sich und Mihan betritt die Zitadelle dahinter.)

DRITTE SZENE: ZITADELLE DER ZEIT.

Ein Altar in der Mitte. Wenige Kerzen und hohe Wäne ohne Decke. Alles weiß.

(Mihan sieht sich ehrfürchtig um und erblickt nach einer Weile den Herrn, der durch ein kleines Mädchen verkörpert wird.)

MIHAN: Hohe Wände, kalter Boden,
  wie ist es doch so still hier oben.
  Na, mein Kind, so ganz allein?
  Mag denn niemand bei dir sein?

GOTT: Ich bin und war noch niemals einsam.
  Aber du, Mihan, du scheinst mir so.

MIHAN: Bist du...

GOTT: Ja. Ich bin der Herr, dein Gott. Erkennst du mich denn nicht? Ich bin das Licht, das über ihnen allen ist. Ich bin das All. Aus mir ist das All hervorgegangen, und zu mir ist das All gelangt. Spaltet ein Holz, ich bin dort, hebt einen Stein hoch, und ihr werdet mich dort finden. Erkennst du mich nun, mein Freund, mein Sohn?

MIHAN: Doch warum brachtest du mich her?
  Ist denn in mir kein Leben mehr?
  Man sagte stets,
  du willst mir helfen.
  Wohin geht's?

GOTT: Ich werde dir geben, was kein Auge je gesehen und kein Ohr je gehört hat, was keine Hand je berührt hat und noch nie in eines Menschen Herz gedrungen ist.

MIHAN: Rätsel sagst du mir.
  Und wie sollt' ich denn auch wissen,
  dass du nicht der Teufel bist,
  dass du mich nicht verführen willst?

GOTT: Nun Mihan, es gibt keinen Teufel. Ich bin Richter, ich bin Hirte und ich bin Henker. Siehst du diesen Altar dort? Jede Seele wird dort von mir gewogen. Nach ihrem Gewicht richte ich

über sie, ob sie in den Himmel gehört
oder wieder auf die Erde.
MIHAN: Sehr recht, schon immer wusst' ich es,
dass Erde und Hölle einig ist.
GOTT: Nein, es ist keine Strafe, wenn ich sie
wieder zur Erde schicke. Es bedeutet nur, dass
diese Seele noch nicht genug gelernt haben.
MIHAN: Doch stehst du hier und sprichst zu mir.
Drängt dich denn nicht der Welten Zeit?
Wie viel hast du gerichtet heut'?
GOTT: Zeit spielt keine Rolle. Das einzige was
zählt, ist das Leben. Wer die Auslegung dieser
Worte findet, wird den Tod nicht kosten.
MIHAN: Trotzdem bist du kindlich noch,
ein kleines Mädchen, kalt und schön.
Kein Mensch der Erde kennt dich so,
denn niemand hat dich je gesehen.
GOTT: Ein Greis wird auch in seinem Alter nicht
zögern, ein kleines, sieben Tage altes Kind nach
dem Ort des Lebens zu fragen, und er wird leben.
Denn viele Erste werden die Letzten sein, und sie
werden zu einem Einzigen werden.
MIHAN: So lange such' ich nun
nach Glück und Heiterkeit.
Gezaubert hab' ich schon,
gebaut, gesehn, befreit.
Sag mir, was ich tun soll!
GOTT: Erkenne das, was dir vor Augen liegt, und
das, was vor dir verborgen ist, wird sich dir
enthüllen. Denn es gibt nichts Verborgenes, das
sich nicht offenbaren wird.
MIHAN: Soll ich dir mein Leben geben,
deinem Dienste hörig sein?
Täglich beten, Schwachen helfen,

83

Kranke von der Pest befrein?

GOTT: Sicher sollst du mir folgen, sowohl mit deinem Geist, als auch deinem Fleisch. Doch ist der beste Weg dein eigener. Diene dir selbst und du dienst mir am meisten. Denn das Himmelreich -ich- ist ein Teil von dir.

MIHAN: Doch welchen Tempel soll ich wählen?

GOTT: Die Erde ist mein Tempel, die Bäume sind meine Säulen, der Himmel ist mein Dach und die Menschen sind meine Fenster. Glaube mir, nirgendwo bist du mir so fern wie in den Kirchen der Menschen.

MIHAN: So sind wir alle eins,
ein Wesen und ein Geist.
So sind wir alle deins,
wer könnte ahnen, was das heißt...

GOTT: Ja. Willst du sehn, wie viel deine Seele wiegt?

(Gott holt ein blaues Tuch hinter dem Rücken hervor. Es stellt die Seele von Mihan dar.)

MIHAN: Ich weiß nicht, soll ich's wissen?
Wie schwer es um mich steht?
Oder ist's nicht ratsam,
zu wissen, wie's mir geht?

GOTT: Ist es denn das, was du willst?

(Gott geht zum Altar und hält das Tuch hoch.)

MIHAN: Halt, Stopp! Ich will's nicht wissen!
Die Seele und ihr Kissen,
es ist wohl besser wenn's so bleibt:
Geheim und in Verborgenheit.

(Gott nimmt das Tuch wieder zurück.)

GOTT: Du bist weise, mein Freund. So will ich deinem Herzen noch eine letzte Prüfung geben. Ich kann dir dein Glück nicht schenken, aber ich

kann dich auf den Weg dorthin schicken. Du
wärst nicht hier, wenn du nicht schon in die
richtige Richtung gehen würdest. Demut vor
mir ist Demut vor sich selbst.

MIHAN: Doch wie seh' ich die Stufen,
die mich zum Glücke rufen?

GOTT: Gehe weiter deinen Weg.

MIHAN: Was ist des Rätsels Lösung?

GOTT: Wer etwas in seiner Hand hat, dem wird
dazu gegeben, und wer nichts hat, dem wird das
Wenige, das er hat, auch noch genommen
werden.

MIHAN: Worte, schwer wie Stahl und Asche.

GOTT: Du hältst Mut, Geschick und Wissen in
deiner Hand. Ich gebe dir unbegrenzte Macht
hinzu, damit du sehen kannst, ob das jener
fehlende Teil in deiner Kette ist.

MIHAN: Ich danke dir.
Eine Sache hätt' ich noch,
das möchte ich noch fragen:
Wie kommt es, dass ein Gott wie du,
verzeih, sollt' ich es wagen,
für einen Tor wie mich
sein Herz und Leber bricht?

GOTT: Nun, Mihan, du bist ein Teil von mir.
Wenn du einen Arm oder ein Auge verlieren
würdest, tätst du es dann nicht auch vermissen?

MIHAN: Doch warum gerade ich?

GOTT: Erinnerst du dich an Golanon?

MIHAN: Ja, sehr wohl, ich tu's,
doch was soll dies mit Jenem?

GOTT: Dank dir hat er Erlösung gefunden. Ich
wog seine Seele auf und sah dein Handeln in ihr.
Er bat mich dir zu helfen, was ich sowieso getan

hätte, doch eine Seele, die für eine andere wirbt,
ist etwas derart Wertvolles, dass beide große
Sorge verdienen. Er wartet im Paradies auf dich.
MIHAN: Wie schön, ein Engel mehr...
GOTT: ...der's ohne dich nicht wär *(lächelt)*. Geh
nun.

VIERTE SZENE:
WOLKE SIEBEN.

*Mihan geht auf einer Wolke auf und ab und blickt
hinunter auf die Erde.*

MIHAN: Wie riesig und doch winzig klein
kann eine ganze Welt doch sein!
Größe, Breite, Fülle, Masse,
die Bedeutung siecht dahin.
Denkt man nur ans große Ganze,
wie nichtig scheint jeds andre Ding.
Diese Bauern dort und jene
eggen Felder, führen Wagen,
treiben Rinder, Schafe, Pferde,
welche schwere Lasten tragen.
Wie trocken sehn die Felder aus. -
Ich schick' gleich etwas Regen raus!
(Er lässt es regnen.)
Da strahlt nicht nur die Sonne,
auch der Gesichter Wonne
lässt sich von hieraus sehn,
bei den Menschen drunten,
die auf dem Felde stehn.

Jene brauchen Sonne,
andre brauchen Regen.
Wie froh macht es mich doch,
kann ich es ihnen geben!
Meine Sorgen können ruhn,
kann ich so viel Gutes tun.
(Lucifer kommt heran.)
LUCIFER *(klatscht)*:
Bravo, bravo! Solch ein Mann
ist einer, den man brauchen kann!
Voller Mut und voller Kraft
helfend, haltend, Brücken bauend,
schafft er, was kein andrer schafft,
nie auf mehr als Ehre lauernd.
Doch hat er auch daran gedacht,
dass niemand sonst für ihn dies macht?
MIHAN: Wer bist du und was meinst du?
LUCIFER: Ich bin der Spaß, die Freude,
der Leichtsinn, wenn du willst.
Ich bin das neue Alte,
beständig und behalte
im Herzen aller Menschen stets
einen Platz für mich allein.
Lucifer soll mein Name sein.
MIHAN: So, und was solln diese Worte?
LUCIFER: Lass mich dir ein Märchen sagen,
aus alten sowie neuen Tagen.
Singen will ich es für dich!
MIHAN: Wohlan denn, Fremder, sprich!
LUCIFER: Es lebte einst ein Fuchs auf Erden.
Sein leben wollte anders werden.
Obwohl vom Wesen her verdorben,
wollt' er sich ans Gute wagen:
Las Geschichten mit den Hasen,

87

pflückte Blumen, schälte Nüsse,
half den Kühen auch beim Grasen,
dachte, dass das helfen müsse
seine schon vergangnen Taten,
Sünden, wie der Mensch das nennt,
mit dem Guten aufzuwarten,
grad' heraus und ungehemmt.
Lange Tage, Wochen auch,
nahm sein Leben so den Lauf.
Doch nach vielen guten Taten,
ließ der Hunger auf sich warten.
Weder Nuss, noch Gras und Beeren
deckten dieses, sein Begehren.
Bis, nach langer Hungersqual,
er doch ein paar Hasen stahl.
Auch die Hennen nahm er fort
und die Vögel aus dem Hort.

MIHAN: Was soll all dies?

LUCIFER: Trotz dem, was scheinbar gut sich nennt
und allen Mühen, die es gibt,
ist es die Natur am End',
die ihm Freud' und Zehrung gibt.
Der Mensch, der ist von Grund auf böse,
warum sollt' er sich verstellen?
Warum sollte er sich quälen?
Vor dem Schlafen Schafe zählen,
als das zu tun, wozu er da
und was seine Bestimmung war?
Denn nur dieses ist Erlösung,
das ist Pathos, das ist Leben.
Freude bringt nur was gefällt
und keine Wohltat auf der Welt.

MIHAN *(leise)*: So bist du der Teufel.

LUCIFER *(laut)*: Bin ich das, mein Freund?
  Oder gibst du's endlich zu:
  Ich bin mehr ein Mensch als du[3]!
(Lachend ab.)
MIHAN *(nachdenklich)*: Wirr ist dies Gerede,
  seltsam die Gestalt.
  Sollte der Mensch böse sein?
  Ist er doch nicht ganz so rein?
  Sollt' man so sich selber dienen,
  nur sich, sonst niemand Freude bringen?
*(Er sieht wieder auf die Erde hinab und erblickt
seinen Nachbarn.)*
  Dieser üble Mensch ist dort!
  Mein Nachbar, schräg und bös' wie stets.
  Wie wär's denn, wenn ich's mal versuch'
  und etwas Böses auf ihn hetz'?
  Er hätt's verdient, nur er allein;
  er sollte nicht mehr fröhlich sein!
  Wie wär's, soll ich die Pest ihm geben?
  Eiterbeulen auf sein Leben?
  Erleichternd lindert er die Not,
  unser Freund, der schwarze Tod.
  Er frisst Fleisch und Gedärme auf,
  nur die Seele bleibt noch stehn.
  Langsam erlischt der Lebenslauf.
  's hilft kein Betteln und kein Flehn!
  Oder hat er's nicht verdient
  langsam auf den Tod zu warten?
  Schick' ich ihm nen schnellen Tod?
  Einen Kurzen, Schnellen, Harten?
  Nen Blitz könnt' ich hinunter schicken,
  dann liegt all sein Fleisch in Stücken!
  Schwarz verbrannt die letzte Haut,
  noch bevor der Morgen graut.

Eine schöne Flut für ihn,
damit er drin ertrinken kann?
Qualvoll schluckend,
dann erstickend,
von dem Wasser fortgespült!
Nein, dies alles ist zu sacht,
davon nichts, was mir Freude macht.
(Er überlegt.)
Brennen soll er! Dass ist fein!
Feuer soll sein Ende sein!
Vor dem Abend soll man's sehn,
sein Haus, es soll in Flammen stehn!
(Mihan schickt Feuer vom Himmel. Das Haus seines Nachbarn fängt Feuer und er verbrennt.)
So ist's gut! Brenne nur!
Oh, wie spür' ich die Natur!
Freude, Freude, die ich spür',
seh' ich seine schwarze Tür!
Schreie gellen hoch herauf,
doch die holt das Feuer auch!
Freudig ist's, wenn man's beschreibt
und nur Asche ist was bleibt!
Weder Schweiß, noch Blut und Tod,
alles reißt die Flamme fort.
Reinigend für Welt und Hof,
einer weniger *(hält inne)*,
den man beschimpfen darf.
(Atmet tief und gleichmäßig.)
(Corbinus eilt herbei.)
CORBINUS: Törichter! Was machst du da!
Wirfst mit Feuer um dich her,
als ob dies alles rechtens wär'!
(Lässt es regnen und löscht das Feuer.)
MIHAN: Er hat's verdient!

CORBINUS: Du etwa nicht?
  Wer ist man nur, dass man so spricht?
(Mihan sieht auf seine Hände.)
MIHAN: Was hab' ich nur getan?
CORBINUS *(ruhig)*: Ja, sieh es dir nur an.
(Hält inne.) Das Schicksal ist ein weiter Weg
  Doch weder Richtung, noch die Kraft,
  die den Mensch dort wandern macht,
  liegt in einer sterblich' Hand.
  Das Leben ist ein steter Fluss,
  den man nicht korrigieren muss.
  Es ist so wie's das Beste wär,
  letztendlich mündet er ins Meer[4].
MIHAN: Was habe ich getan…
CORBINUS: Das, was ein Mensch halt kann.
  Nur Wenigen ist es vergönnt,
  dass man die Kunst der Tugend kennt.
  Sich selbst zu dienen, das heißt nicht,
  dass man nur sich das Glück verspricht.
  Alles hängt zusammen,
  die reichen und die Armen.
  Alles Sein ist eins,
  jeder Mann und jede Frau,
  jedes Tier und jeder Baum,
  auch die Steine, scheinbar alt,
  geben jedem Wesen Halt.
  Jeder ist ein Teil von dir,
  ein Teil des Herrn und auch von mir.
  Willst du nur dir selber dienen,
  kämst du ohnehin nicht weit
  ohne Andre zu bedenken,
  das ist gut und Herrlichkeit.
MIHAN: So dien' ich also auch mir selbst,
  mach ich's andren Leuten recht.

Und wenn ich Verderben bring…
CORBINUS: …So ist deins auch nur gerecht.
MIHAN: Wozu ein Mensch doch fähig,
   wenn Eitelkeit sein Sein zerfrisst.
CORBINUS: So weißt du nun, was auf der Welt
   gar oft ein Mensch für Unfug hält.
   Ich hoffe nur du nutzt es gut,
   nach der Ebbe kommt die Flut.
(Ab.)
MIHAN: Wie zerbrechlich ist doch diese Welt,
   wenn man sie in den Händen hält.

FÜNFTE SZENE:
ZITADELLE DER ZEIT.

(Gott steht am Altar, Mihan tritt ein.)

MIHAN: Hier, ich will sie nicht mehr haben!
   Nimm sie ab, die Macht von mir!
   Das ist es niemals, was mir fehlt,
   doch für die Lehre dank ich dir.
GOTT: Ich weiß. Und du weißt es nun auch.
MIHAN: Verzweifelt bin ich.
GOTT: Nun, du hast dein Glück im Kleinen nicht
   gefunden. Du hast es im Großen nicht gefunden.
   Also solltest du in der Unendlichkeit suchen,
   meinst du nicht?
MIHAN: Unendlichkeit? Wie meinst du das?
   Im Großen und im Kleinen nicht?
GOTT: Dass Wissen, das du dir angeeignet hast
   war klein. Es brachte dich nicht weiter. Deine

Taten waren zwar groß, doch auch sie brachten
dich nicht weiter. Wie wär's also nun mit dem
Unendlichen? Meinem Reich?

MIHAN: Dein Reich ist doch im Himmel,
ganz oben, hoch und weit.
Und unsre Pein die Prüfung
hin zur Unendlichkeit.
Wann kommt es zu uns?

GOTT: Es wird nicht kommen, während man
darauf wartet. Man wird auch nicht sagen:
„Siehe, hier ist es!", oder ‚Siehe, dort ist es!'.
Sondern mein Königreich ist auf der
Erde ausgebreitet, und die Menschen sehen es
nicht.

MIHAN: Doch sage mir, wie kann es sein,
bei all dem Leid und all der Pein,
bei allem was der Mensch verbricht,
wo findet man dein helles Licht?

GOTT: Wenn ihr euer Abbild seht, werdet ihr euch
freuen. Wenn ihr aber eure Bilder seht, die vor
euch entstanden sind, die weder sterben noch
sich offenbaren, wie viel werdet ihr dann
ertragen? Der Mensch muss lernen, dass
es weitaus Größeres gibt als ihn. Ihr müsst euch
lehren, euch helfen und euch gegenseitig zeigen
wo mein Reich liegt. Wenn ein Blinder einen
Anderen führt, fallen beide in die Grube.

MIHAN: Ist es schön in deinem Reich?
Ist es denn dem Himmel gleich?

GOTT: Die Füchse haben ihre Höhlen, und die
Vögel haben für sich ein Nest, der
Menschensohn aber hat
keinen Platz, an dem er sein Haupt hinlegen und
ausruhen kann. Euer Zuhause, eure Bestimmung

ist mein Reich. Und ist ein Zuhause nicht etwas
Schönes?

MIHAN: Sehr wohl, ich verstehe schon,
ne Heimat braucht der Menschensohn.
Doch warum machst du es so hart,
das Finden deines Reiches?
Floss nicht schon genügend Blut?

GOTT: Ich kann es euch nur zu Füßen legen.
Betreten müsst ihr es selbst. Aber ihr macht es
euch selber schwer. Viele von euch verstehen
noch nicht, dass alles eins ist. Sie sind dumm
und verschließen sich vor dem scheinbar
Übernatürlichen. Ihr denkt ihr könnt alles
beichten und steht doch bereits mit einem Fuß in
der nächsten Missetat. Weshalb wascht ihr den
Becher außen? Versteht ihr nicht, dass der, der
das Innere hergestellt hat, auch das Äußere
hergestellt hat?

MIHAN: Soll der Mensch dann sein wie du?

GOTT: Wer mir nah ist, ist dem Feuer nah und wer
mir fern ist, ist dem Königreich fern.

MIHAN: Ich denke, ich verstehe,
ich fühle und ich sehe.
Es geht um eine Reinigung
und zwar unserer Seele.
Unwichtig ist's, ob alt, ob jung,
nur dass nichts dabei fehle.
Der graue Schleier, er liegt sacht
und lange schon auf meinem Aug'
und lange der Herr bei uns wacht.
Nur der ist frei, der ihm vertraut.

GOTT: Ich denke, nun verstehen wir einander,
Mihan.

(Hält inne und holt dann wieder das blaue Tuch hervor.)
  Willst du wissen, wie viel deine Seele wiegt?
MIHAN: Ich denke ich bin alt genug,
  zwar nicht dumm, doch auch nicht klug.
  Behalte sie, ich schenk' sie dir[5].
GOTT: Ich bin stolz auf dich, mein Sohn. So bleibt
  mir nichts anderes mehr, als dich wieder zum
  Anfang deiner Reise zu schicken. *(Hält inne.)*
  Die Unendlichkeit. Du besitzt sie bereits, nur
  sehen musst du sie.
MIHAN: Noch immer sprichst du Rätsel.
GOTT: *(Lächelt.)* Wie elend wäre doch jeder Preis,
  wenn man ihn zu Füßen gelegt bekäme.

(Dunkel.)

SECHSTE SZENE:
STADTRAND.

Mihan steht vor einem großen Stadttor.

MIHAN: Ein wundersamer Ort,
  ganz neu für meine Augen,
  nie war ich so weit fort,
  nie wollt ich mich das trauen.
  Viel lieber blieb ich weiter
  im Wald oder am Berg,
  die Koboldfrau vermiss' ich
  und auch den lieben Zwerg.
  Ich denk', ich sollte singen,

paar Zeilen noch für mich,
direkt aus meinem Herzen.
(Singt:)

Der Tag ist schon zu Ende
und drob' in weiter Ferne,
dort stehen stumm und kalt,
hell leuchtend viele Sterne.

Wie schön ihr Glanz,
wie hold der Tanz,
aus Licht und Dunkelheit.
Wie sehnt es mich
nach diesem Licht,
nach der Unendlichkeit.

Unfassbar scheint sie,
weit von dieser Welt
und fällt doch fast,
so deucht es mir,
herab vom Himmelszelt.

Meine Arme streck ich aus,
ich suche, doch vergebens,
das Eine, das uns allen fehlt,
den Sinn unseres Lebens.

Ich denke, nun gelüstet's mich
nach Lenchens frischem Brot.
Ja, ohne sie und ihre Lieb'
wär ich schon lange tot.
Es sind doch stets die kleinen Dinge,
an denen alles Große hinge.
(Er erblickt einen Wegweiser.)

Heut' bleibt mir aber nichts erspart,
mein Weg führt mich durch diese Stadt.
Wie gern würd' ich gefüllte Straßen
schnell und rasch durchqueren,
doch gibt es leider keine Gassen,
die Licht und Schutz gewähren.
Auf nach Hause!
Auf zum Alten!
Lass die Götter!
Lass sie walten!

(Dunkel.)

FÜNFTER AKT

ERSTE SZENE:
TORBOGEN.

Ein großer steinerner Torbogen. Reges Treiben davor.

WACHMANN: Aufgemerkt ihr guten Leut',
ich will, dass ihr in Reihe bleibt!
Bloß nicht drängeln und nicht hetzen,
wolln wir doch keinen verletzen!
Tragt nichts, was verboten ist!
Fremde Leiden und dergleichen.
Pest und Röteln wolln wir nicht,
weil's der Stadt das Rückrad bricht.
Tote und die, dies bald sind,
bleiben vor der Mauer draußen!
Was führst du auf deinem Wagen?
HÄNDLER: Als wollt ich euch das sagen...
WACHMANN: Lässt du mir die Einsicht nicht,
Hält der Hof[1], was er verspricht!
Verschlossen bleibt für dich das Tor,
dein Hab und Karre bleibt davor!
HÄNDLER: Nun gut, seht her mein Herr.
Es sind kostbare Sachen;
Kräuter, Wein und mehr,
die Menschen Freude machen.
WACHMANN: Dann weiter, weiter!
Bleib nicht stehn!
Andre wolln auch weitergehn!
(Mihan nähert sich dem Tor.)
He, Wandersmann!

Komme er heran!

MIHAN: Reden sie mit mir mein Herr?

WACHMANN: Als ob dort jemand anders wär!
Selbstverständlich, freilich auch,
sag, wozu die Stadt dich braucht[2]!

MIHAN: Ich bin nur auf der Reise,
nach Haus nicht weit von hier.

WACHMANN: Sehr wohl, so tretet ein.

MIHAN: Könnt ihr mir noch sagen,
welch' Stadt die Mauer schützt?
Ich sah kein Schild, kein Richtungspfahl,
der mir hätte genützt.

WACHMANN: Dies ist die Stadt El-Dhorra.
Sehr reich an Gold und Deppen,
wie Priester und Politiker,
auch Diebe würd' ich wetten.
Doch ist die Hand des Diebes
bei Weitem nicht so schlau,
so wie die Hand der Kirche,
und die der Richter auch.

MIHAN: Ich dank euch!

WACHMANN: Bitte sehr!
Und nehmt euch stets in Acht,
vor reichem Hofgesindel
und ihrer großen Macht!
Seid glücklich jedes Diebes,
die stehln nur euer Geld.
Doch Politik und Kirche,
die stehln die ganze Welt!

(Mihan geht hinein.)

ZWEITE SZENE:
INNENHOF.

*Ein großer Innenhof mit Brunnen in der Mitte, ein
paar Geschäften und Ständen.*

MIHAN: Welch' ein Platz, so groß und frei.
   Wie wünschte ich Lenchen herbei.
   Es drückt der Bauch,
   es kratzt der Hals,
   es lüstet mich nach Brot und Malz[3],
   so wie schon lang' nicht mehr.
   Oh, dort ist ein Gasthaus!
   Ich hoff' mit Fleisch und Wein!
   Mein Lenchen gab mir Taler,
   sie solln für so was sein!

DRITTE SZENE:
GASTHAUS.

Mihan tritt ein.

MIHAN: Dicker Rauch von Feuerflammen,
   hierher bin ich noch nie gekommen.
(Setzt sich an einen Tisch.)
WIRT: Was denn für unsren Fremden?
   Vom Schwein? Vom Rind? Vom Fass?
   Was darf ich denn bieten?
   Den Wein? Ihr seid so blass.

MIHAN: Vom Wein nehm' ich euch gern,
  auch Rind wär' mir nun recht.
WIRT: Beides für den Herrn.
  Kartoffeln oder Kraut?
MIHAN: Kartoffeln nur, mein werter Herr,
  ansonsten brauche ich nichts mehr.
WIRT: Es kommt sofort.
MIHAN: Man dankt!
(Der Wirt bringt den Wein.)
  Herrlich! Rot und leuchtend,
  die Lippen zart befeuchtend.
WIRT: *(Leise zu sich selbst:)*
  Herrje, wie ist es doch verrückt,
  was sich in meinen Laden drückt...
MIHAN: Man mag es denken und auch glauben,
  Alkohol sei für die Augen.
  S' macht sie trüber, macht sie schwerer,
  macht uns dümmer auch und leerer.
  Immer stetig sagte man mir,
  ein starker Mann, der trinkt viel Bier.
  Wein ist für die feinen Leute,
  die meinen, dass sie viel bedeuten. *(Trinkt.)*
  Und doch genießt man jeden Schluck
  und hofft dabei auf bald'ges Glück.
(Eine Frau tritt ein und setzt sich zu ihm an den Tisch.
Mihan schaut auf.)
  Donnerwetter, das ging schnell...
FRAU: Mein Wirt, mein Lieber, mir ein Bier,
  und selb'ges auch für diesen hier.
(Nickt zu Mihan.)
MIHAN: Nie sah ich Frauen Hopfen trinken,
  zumindest nicht in meinem Denken.
FRAU: Tja, mein Freund, die Frauen sind,

eben mehr als Stoff und Beine.
MIHAN: Teures Weib, ich weiß es wohl,
  doch keine ist wie Meine.
FRAU: Oho, ihr seid vergeben?
MIHAN : Im Tod und auch im Leben.[4]
(Der Wirt bringt das Bier.)
FRAU: Habt Dank!
WIRT: Von euch sehr gern!
(Geht wieder hinter den Tresen.)
FRAU: Wohlan mein Herr, so sprecht mit mir.
  Ich sah euch hier noch nie.
  Wo wollt ihr hin? Wo kommt ihr her?
MIHAN: Von Bergen, Seen und noch viel mehr.
  Mihan ist mein Name
  und eurer, wenn ich darf?
FRAU: Der Meine ist Kassandra,
  van Dhorra ist mein Haus.
  Doch lass ich dies gern aus dem Spiel
  und meinem Leben raus.
  Es haftet zu sehr Macht und Geld
  an jenen alten Lettern.
  Ganz fern und nah, all auf der Welt
  kann man ihn sich erblättern.
  Ich hoff auf einen Herrn,
  nicht von hier, von weiter Fern',
  der meine Hand liebend umschließt
  und mir dann seinen Namen gibt.
MIHAN: Sehr wohl, es ist die Liebe,
  die uns von manchem heilt.
KASSANDRA: Wenn wir sie nur auch finden
  und sie bei uns verweilt.
(Sie nähert sich ihm und spricht leiser.)
  Mein Freund, ich warne euch,
  vor manchem schlimmen Mann.

Es gibt einen hier und da,
der euch nicht leiden kann.
Ich bitte euch, gebt Acht,
bei allem, was ihr macht.
(Sie leert ihr Glas.)
Sodann, ich bin mal wieder fort,
Lebt wohl mein Freund, auf Wiederseh'n!
MIHAN: Ich dankt' euch noch nicht für das Bier.
KASSANDRA: Sehr wohl mein Freund,
ich dank' auch dir!
(Ab.)

VIERTE SZENE: DÜSTRE GASSE.

Mihan kommt aus dem Gasthaus. Es dämmert.

MIHAN: Wie eisern und wie kalt
sind doch einsame Nächte.
Ich wollt ich hätt' nen Engel,
der mich nach Hause brächte.
*(Er geht die Straße entlang und wird von drei
Schlägern aufgehalten.)*
SCHLÄGER: Wohin mein Freund?
Zu dieser Zeit?
Meint ihr nicht es wär' gescheit
im warmen Haus zu bleiben?
*(Mihan will weitergehen, aber die Schläger lassen
ihn nicht vorbei.)*
Nun, da ihr aber draußen seid,
bitt' ich euch um Gerechtigkeit.

Und wir fänden's nur gerecht,
zum Schutze eures Lebens,
euer Gold und euer Geld
an uns weiter zu geben.
Schutzgeld mein Lieber!
MIHAN: Ich bitt' euch einmal,
geht hinfort!
SCHLÄGER: Was meinst du was uns droht?
MIHAN: Ihr hindert mich nach Haus zu gehen,
macht weiter und ihr werdet sehn.
*(Der Schläger zieht einen Dolch, der Zweite ein
Schwert. Mihan zieht das prächtige
Zwergenschwert von seinem Rücken.)*
SCHLÄGER: Ihr legt es an? Ich warne euch,
es ward schon mancher totenbleich,
der uns nicht dienlich war!
MIHAN: Ihr seid keine Gefahr!
*(Der mit dem Schwert greift an, Mihan weicht aus
und schlägt ihm die Hand ab.)*
Verschwindet nun, Gesindel!
Sonst war dies nicht der letzte Stiel,
der leblos auf den Boden fiel!
*(Die Schläger laufen fort. Mihan wischt das Blut
vom Schwert.)*
Wie Hunde, feiges Pack,
woll'n sie mir an den Sack.
(Er steckt das Schwert ein.)
So war es doch nicht ohne Sinn,
dass ich zum Schmied gekommen bin.
Danke Herr, dass du mich weist
und meinen Weg erhellst.
Dass ich sehn und schätzen kann,
was du hier vor mich stellst.
Ich denke es ist gut

die Straßen zu verlassen.
Der Weg in Richtung Wälder
wird sich wohl finden lassen.
Geh' ich stetig, stramm und schnell,
so ist der Tag bald wieder hell.

FÜNFTE SZENE:
DÜSTRER WALD.

MIHAN: Viel wohler ist's hier draußen,
  als drinnen in der Stadt.
  Nun kann ich weiterlaufen,
  bin glücklich und bin satt.
  Wie kehr' ich nur nach Haus zurück,
  mit beinah leeren Händen.
  Ach Lenchen, dünn ist mein Geschick,
  ich schaff's nicht es zu wenden.
(Er kommt an eine Weggabelung.)
  Hm, an diese Stelle
  kann ich mich nicht entsinnen.
  Ob links, ob rechts, geradeaus,
  wer wird mich weiterbringen?
  Es scheint, mal wieder steh ich hier
  und weiß nicht, wie geht's weiter.
  Der Fuß der Erde liegt vor mir
  und Sterne sind mein Leiter.
  Doch kann ich sie nicht lesen,
  auch ist's nie so gewesen,
  dass helle Punkte droben,
  mir Weg und Ratschlag gaben.
  Große Bilder[5] seh' ich wohl,

von Tieren und von Sachen,
doch kann ich weder Wissen,
noch Nutzen daraus machen.

(Er setzt sich auf einen Fels und starrt auf den Boden.)

Bilder sind die Lösung!
Ich sah sie doch vor kurzem!
Große Bilder, weit punktiert,
gemalt, damit der Mensch nicht friert,
ist er allein in weiter Welt.

(Er holt das Buch des Nostradamus hervor.)

Wohl trag ich nichts, was ich nicht brauch,
selbst der Wälzer lohnt sich auch.

(Er schlägt es auf und blättert darin herum.)

Hier ist's, was ich am Himmel seh',
zur Rechten Steht das Himmels-W.
Links Orion, Hydra auch
und des großen Bären auch.
Seh' ich's recht und täusch mich nicht,
ist das vom Nordstern das Licht.
Lange Rede, kurzer Sinn,
es sagt mir, dass ich richtig bin.
Geradeaus, so geht der Pfad,
der mich heimwärts bringen mag.

(Er schlägt das Buch zu, verstaut es und macht sich auf den Weg.)

So sieht man, dass auch Wissen,
mal nützlich sein kann.
Man braucht's zwar nicht zum Leben,
 doch gibt man gern mit an.
Nur gehen muss ich selbst,
kein Pferd und auch kein Wagen
kommt oft hieran vorbei.
Ich muss mich selbst wohl tragen.

Zum Glück wiegt man nicht ganz so viel,
wenn man nur fröhlich singen will.

Heimwärts geht es
stets bergab.
Nach Hause geht,
wer alles hat.

Zu Wein und Weib
und Feuerschein.
Wer wollte nicht
so glücklich sein?

Abends dann vorm Feuer,
wie ist mir das geheuer.
Wir sitzen dort und essen,
die Gabe dieses Tages.
Wir lachen und versprechen,
einander oft so Manches.

Ich wollt' kein Lump,
kein Bettler sein
und hausen drauß' im Dreck.
Nur Frohsinn kommt bei mir herein,
der gute Laune weckt.

die Frauen machen jedes Heim,
erst lauschig und geborgen.
Drum möcht' ich nie woanders sein
und dort sein bis zum Morgen.

Talalalieda, talalalie,
ja mein Heim vergess' ich nie!

SECHSTE SZENE:
WALDESRAND.

Es dämmert. Von weitem sieht man Mihans Haus.

MIHAN: Endlich, endlich, ich bin da!
  Dort, wo ich am Anfang war!
  Unendlichkeit, so sagt der Herr,
  das wär's womit man glücklich wär.
  Nun, ich denk' ich weiß,
  wozu die Last, wozu der Schweiß,
  was am Ende uns stets bleibt
  ist doch die Unendlichkeit.
(Der Willensgeist erscheint.)
  Sag mir Geist, was willst du nun?
  Hast du wieder nichts zu tun?
WILLENSGEIST: Bla, du Mensch, so schweige
still!
MIHAN: Was ist's, das man mir sagen will?
WILLENSGEIST: Reue, Reue, kriegt dich schon,
  kriegst schon bald des Frevels Lohn!
(Ein Donner groll.)
  Schon gut, schon gut, ich bin ja still,
  soll er sagen was er will.
  Sterblicher, ich bring dir Kund'
  vom Herrn, zu dieser seel'gen Stund.
MIHAN: Unsterblichkeit steht euch schon recht,
  so langsam wie ihr Geister sprecht.
WILLENSGEIST: Ich geb' es auf, das geht zu
weit,
  diese Unbelehrbarkeit.
  Also, Mensch ich bringe dir,
  weder Wein, noch Gold und Bier.

Gott der Herr ist stolz auf dich.
Ja, ich glaub's bis heut' noch nicht.
(Es donnert erneut.)
Alles recht, alles recht.
Er schenkt dir Segen.
MIHAN: Ehre ist's für mich,
dass er von mir nur spricht.
WILLENSGEIST: Sodann, ich geh'
du hasst mich eh.
MIHAN: Weder dich noch deines Gleichen,
wollt' ich von der Seite weichen.
WILLENSGEIST: Ja ja, mein Freund, es ist ja gut.
(Der Willensgeist verschwindet.)
MIHAN: Ich denk' das war das letzte Mal,
dass er sich von dannen stahl.
Es scheint ich bin dem Ziel nun nah,
dort wo ich am Anfang war.

SIEBENTE SZENE:
GARTEN.

*Lenchen sitzt im Garten und strickt, Mihan kommt
durchs Tor.*

LENCHEN: Was sehen meine Augen da,
mein Mann, er ist zurückgekehrt!
Oh, welch Freude hüllt mein Sein,
komm mein Liebster, komm herein!
MIHAN: Ja mein Schatz ich bin's.
Noch immer ganz, in einem Stück,
so kehre ich nach Haus zurück.

109

LENCHEN: Komm herein!
(Sie geht ins Haus.)

ACHTE SZENE:
KÜCHE.

LENE: Setz dich Liebster, setz dich nur,
   gib die Stiefel mir.
   Ich stell sie eben vor die Tür
   und bin sogleich wieder hier.
(Sie bringt die Stiefel hinaus.)
MIHAN: Wie herrlich ist's daheim,
   wie wollt ich nur wo anders sein.
(Lene kommt wieder herein.)
LENE: Warme Suppe steht bereit,
   die kocht schon seit 'ner Ewigkeit.
(Sie erblickt seine Sachen.)
   Sag, wie war die Reise,
   was bringst du uns für Sachen?
MIHAN: Mein Schatz, du wirst mich lachen.
   Ich ging und lernte Zaubern,
   ich schmiedete ein Schwert,
   ich war unendlich mächtig,
   mit Geistern auch verkehrt.
   Auch war ich drob' im Himmel
   und redete mit Engeln,
   ich erkannte neue Freunde,
   war Lehrer von drei Bengeln.
LENE: Es scheint, du tatest gar so viel,
   was manch ein Andrer tun will.
   Hast du denn gefunden,

wozu du einst fort gingst?
MIHAN: Gefunden hab ich's längst.
  Das Wissen ist vergänglich,
  beschränkt und meist unnütz.
  Es macht den Menschen sterblich
  und seinen Geist verwerflich.
  Das Handwerk bringt dir Wonne
  und ein Ergebnis auch.
  Doch sieht man nie die Sonne
  und auch nicht seinen Brauch.
  Die Macht ist gar das Derbste,
  was mir hinunter kam.
  Es macht die Hände mächtig,
  doch macht's das Denken lahm.
LENE: So also bist du hier zu Haus
  und willst nicht in die Welt hinaus?
MIHAN: Alles was ich lernte,
  es brachte mich zum Ziel.
  Es gab mir alte Werte
  und was ich wirklich will.
  Es brachte mich zu dir,
  zu der Unendlichkeit.
  Ich denk' ich kann nun ruhen
  und bin dafür bereit.
  Mein Glück, es liegt in deinem Schoß,
  es liegt an deiner Schulter.
  Doch man sieht es später erst,
  wird man noch reifer, älter.
  Und mein Schatz, eins sag ich noch,
  das muss ich wohl gestehen,
  ohne Zauber, Werk und Macht
  hätt' ich's wohl nicht gesehen.
  So für'n die Wege dieser Welt
  zu dem, was uns am meisten zählt.

Meiner führte mich zu dir,
drum setz ich mich und bleibe hier.
LENE: Wie freut sich nur mein Herz,
   Es könnte Bögen springen!
   Es könnt' die Fugen brechen,
   die unsre Erde halten!
(Sie fassen sich an den Hände, tanzen im Kreise
und singen:)

   Oh Herr, oh Herr der Erde,
   mach, dass es heller werde!
   So wie in unsren Herzen,
   so wie es sich gehört!

   Ein Hoch auf unser Leben!
   Was könnt' es Schön'res geben?
   So ist doch alles das was zählt
   die Liebe auf der weiten Welt!

   Hurra! Hurra!
   Wie ist es klar!
   Wie ist das Leben wunderbar!

NEUNTE SZENE:
NÄCHTLICH GEMACH

Lene liegt im Bett. Mihan steht am Fenster.

LENE: Mein Mann, kommst du zu Bett?
  Wir machen's uns noch nett.
  Lösch die Lichter und mal sehn

was wohl diesmal wird geschehn.
(Sie lächelt.)
MIHAN: Gleich mein Liebes.
(Er kniet nieder und faltet die Hände.)
  Sei mir gütig
  großer Geist,
  wie du weißt
  bin ich hier.
  Strebe nach Vollkommenheit,
  Gehöre dir nur allein.
  Oft hab ich schon schlecht getan,
  an den Menschen um mich rum.
  Drum lass mich, ich bitte dich,
  bei dir sein, bei dir ruh'n.
  Niemals wollt ich dich drum bitten,
  beten, jammern und an deine
  Knie mich klammern.
  Dass du mir vergeblich bist,
  mich noch liebst und nicht vergisst.
  Eins nur möcht ich von dir wissen,
  von dir hören und erflehn:
  Kannst du nicht, wie jede Nacht,
  hin zu meiner Liebsten gehen?
*(Er hält kurz inne, steht dann auf und schaut durch
das Fenster gen Himmel.)*
  Ist das Glück zum Greifen nah,
  sicht man meist nicht mehr so klar.
  Das des Menschen ist's allein,
  bei seiner liebsten Frau zu sein.
(Dunkel.)

ENDE

Anmerkungen

Erster Akt

1. *Helios*; Sonnengott, Bruder der Eos. Bei ihm schworen die Griechen, da er alles sah und alles hörte.
2. *Eden*; gemeint ist das Paradies. An dieser Stelle in Form von Zufriedenheit.
3. *des Geistes Sein und Taten*; Existenz Gottes
4. *Grauen*; gemeint ist der Nervenkitzel und die Angst vor dem Ungewissen.
5. *des Himmels höchsten Ort*; gemeint ist Gottes Ohr.
6. *Stamm, der auseinander klamm*; Sinnbild für den Neubeginn von Mihans Leben.
7. *Ohr*; gemeint ist das Ohr Gottes.
8. *Hypno*; griechischer Gott des Schlafes.
9. *Artemis*; griechische Göttin des Waldes und der Jagd.
10. *unbändig*; gemeint sind die Naturgewalten.

Zweiter Akt

1. *Geäug*; Gesicht
2. *Zaubern*; steht für Wissen und wissenschaftliche Erkenntnisse.
3. *die Tür zum Geist erschlagen*; Mihan verschreibt sich der Wissenschaft.
4. *Wissens Truhe*; gemeint ist das Gedächtnis und das rationale Denken.
5. *Theater*; Vorführung, Kostprobe.

6. *göttlich*; Seelische Erfüllung durch Wissen
7. *streben*; gemeint ist das Streben nach Wissen.
8. *Kundelruhr*; ein Gnom und Figur aus Gedichten
9. *verschoben*; vergessen
10. *Stab*; ist ein Symbol für Macht durch Wissen.
11. *dein Denken sollst du lieben*; gemeint ist, dass man sich auf seine Logik verlassen soll.
12. *erstrebenswert*; gemeint ist das Wissen und die Logik als einziges und höchstes Ziel.
13. *des Lebens Ernst*; nur mit Logik ist das Leben zu erklären.
14. *Worte*; steht dafür, dass es für alles eine logische Erklärung gibt.
15. *nicht aus dem Bauche*; Kontrolle durch rationales Denken.
16. *Zufall*; gemeint ist, dass alles vorhersehbar und erklärbar ist.
17. *Nostradamus*; Sinnbild für die Erkenntnis, mit welcher die Welt logisch erklärbar ist.
18. *was der Pöbel will*; gemeint ist der Lohn des Wissens.
19. *Gold, Gold, Gold*; Sinnbild für Rationalismus und Materialismus
20. *Sehnsucht*; ausgelöst durch die Erkenntnis, dass Wissen meist nur zu Geld führt und dieses ihn nicht glücklich macht.
21. *Grenzen*; Wissen ist nie allumfassend und erklärt viele Dinge nicht.

Dritter Akt

1. *Horen*; griechischer Sonnengott
2. *Weg*; gemeint ist der Tod
3. *Licht*; Leben
4. *Bare*; Tod
5. *Ringe*; gemeint sind die Schichten bei Damaszener Stahl
6. *Kimme*; eine Kerbe an der Spitze des Schwertrohlings, in welche Später ein Spitzenstahl eingeschweißt wird.
7. *Angel*; ein Abschnitt des Rohlings, der nicht poliert wird. Auf ihm wird der Griff angebracht.

Vierter Akt

1. *Tür von Eden, Tür von dir*; Dieser Vers spielt darauf an, dass das Paradies, das Reich Gottes von vorne herein schon in jedem Menschen vorhanden ist.
2. *Gottes Gnade und Natur*; Gemeint ist, dass nur durch Gottes Gnade und ein göttliches Verhalten der Menschen ihnen der Weg ins Paradies geebnet wird.
3. *Ich bin mehr ein Mensch als du!*; eine Vermenschlichung des vermeintlich Bösen
4. *letztendlich mündet er ins Meer*; deutet erneut auf die Einheit aller Dinge hin
5. *Behalte sie, ich schenk sie dir*; Mihan legt sein Leben in Gottes Hand, als Zeichen der Erkenntnis

Fünfter Akt

1. *Hof*; gemeint ist der dort regierende Adel.
2. *wozu die Stadt dich braucht*; warum er ihn passieren lassen sollte
3. *Malz*; Bier
4. *Im Tod und auch im Leben;* verheiratet
5. *Große Bilder*; gemeint sind Sternenbilder

Namenserläuterungen

Mihan   Ein iranischer Name, dessen Übersetzung „Heimat" bedeutet. Im Verlauf des Dramas wird Mihan immer wieder gefragt, ob er sich der Schicksalhaftigkeit seines Namens bewusst sei und er bejaht dies stets. Mit seinem Namen wird dem Leser schon im Vorhinein indirekt das Ziel seiner Reise vorausgesagt, nämlich seine Heimat, bei seiner ihn liebenden Frau.

Lene   Ein sprechender Name. Er drückt aus, dass Mihans Frau ihm stets eine „Lehne" ist, also eine Person, auf die er sich voll und ganz verlassen kann und die das gesamte Stück über hinter ihm steht.

Kundulene   In diesem Namen verbirgt sich der Name von Mihans Frau Lene. Unklar bleibt, ob es tatsächlich seine Frau ist, die in unwissentlich auf seinem Weg begleitet und ihn unterstützt, oder ob die Namensgleichheit Zufall ist.

Kundelruhr   Eine Märchengestalt aus Gedichten des Autors. Ein immer grantiger Gnom, der keine Menschen mag und jede Gelegenheit nutzt um ihnen eins auszuwischen.

Hellanon   Abgeleitet von dem umgangssprachlichen Wort „Heller", welches ungefähr mit „Geld" gleich zu setzten ist. An dieser Stelle weißt der Name auf den Beruf des Trägers nämlich neben Handwerker auch noch Kaufmann hin.

Nela   Vertauscht man die Buchstaben, kommt der Name „Lena", also Mihans Frau zum Vorschein. Es bleibt erneut unklar, ob diese Gestalt tatsächlich seine Frau ist oder die Ähnlichkeit rein zufällig besteht.

Corbinus   Laut einer Legende der Name des Vaters der Werwölfe und Vampire. Ein Wesen, das diese beiden Rassen vereinte. Er ist der Engel, der für die Überwachung des Gleichgewichtes zwischen Gut und Böse verantwortlich ist. Der Konflikt zwischen Werwölfen und Vampiren soll bildhaft hierfür stehen. Es ist jedoch unklar, welche der beiden Parteien gut und welche böse ist. Also liegt dieser Unterschied stets im Auge des Betrachters.

El-Dhorra   Der Name der Stadt, in die Mihan als letztes kommt. Er setzt sich zusammen aus „El" hergeleitet von Eldorado, der Stadt aus Gold, stehend für Reichtum und Wohlstand und „Dhorra", hergeleitet von Pandora, was für Unheil steht. Also ein Gegensatz im Namen an sich, der darauf hinweist, dass sowohl sehr gute als auch sehr schlechte Menschen in ihr zu finden sind.

Gabriel Er ist einer der Erzengel, der die Himmelspforte bewacht.

Lucifer Der Engel, der für das „Böse" steht und wirbt. Jedoch ist das Böse an sich in der Welt nicht vertreten. Gott vertritt alles Gute, sodass Lucifer für alles andere steht, was jedoch nicht für jeden Böse erscheinen mag.

Kassandra In der griechischen Sage die Tochter des Priamos. Eine trojanische Seherin, dessen warnende Rufe stets nicht gehört wurden.

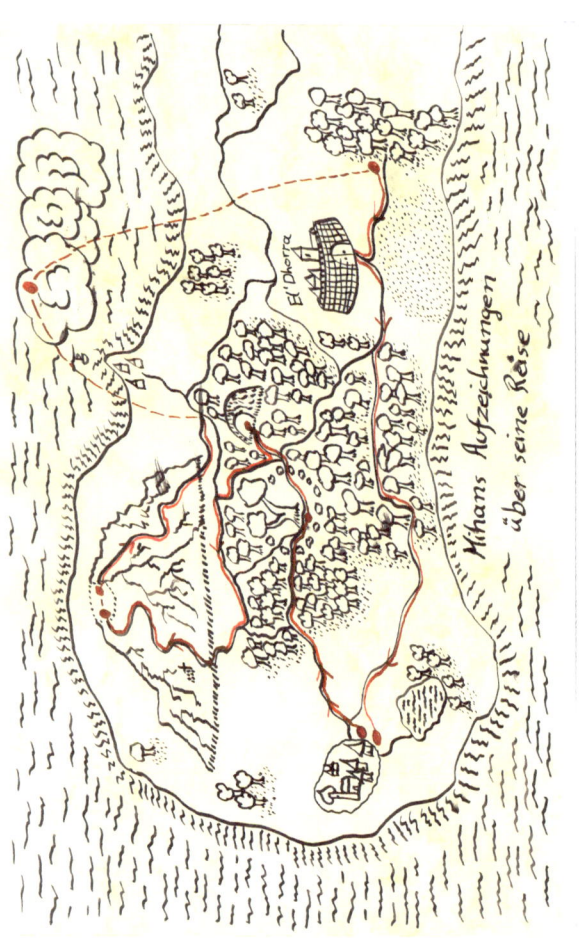

Nihans Aufzeichnungen über seine Reise

El'Dhorra